Impressum
Verlag: BABADADA GmbH, Nedderfeld 112 , 22529 Hamburg
Geschäftsführer / Verlagsleitung: Harald Hof
Druck: Books on Demand GmbH, In de Tarpen 42, 22848 Norderstedt

Imprint
Publisher: BABADADA GmbH, Nedderfeld 112 , 22529 Hamburg, Germany
Managing Director / Publishing direction: Harald Hof
Print: Books on Demand GmbH, In de Tarpen 42, 22848 Norderstedt, Germany

skóli

sukuu

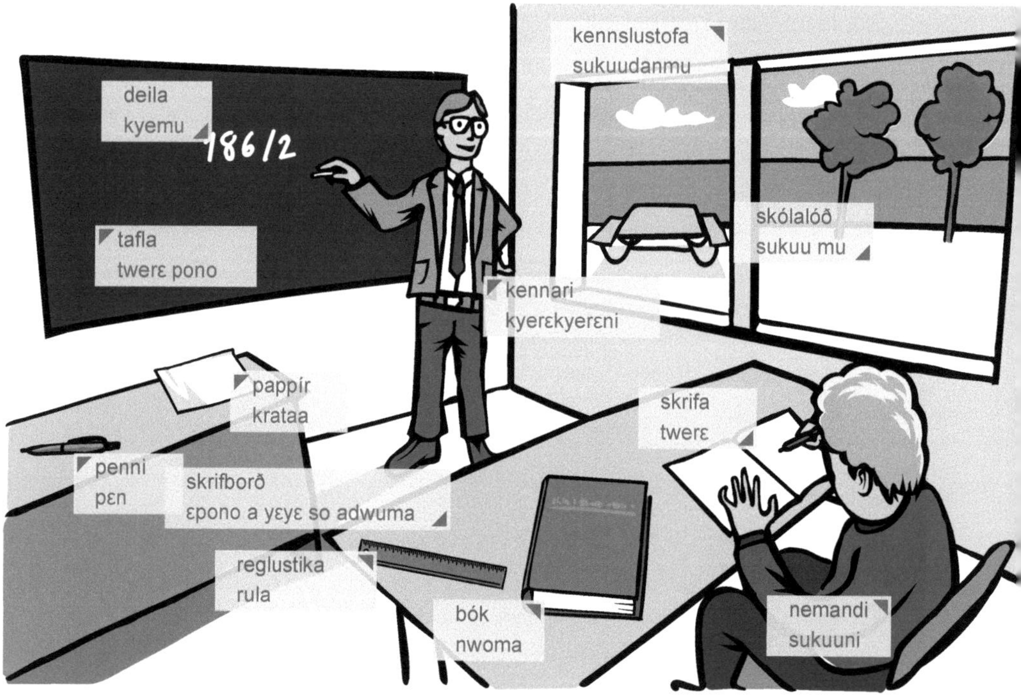
kennslustofa
sukuudanmu
deila
kyemu
186/2
tafla
twerɛ pono
skólalóð
sukuu mu
kennari
kyerɛkyerɛni
pappír
krataa
skrifa
twerɛ
penni
pɛn
skrifborð
ɛpono a yɛyɛ so adwuma
reglustika
rula
bók
nwoma
nemandi
sukuuni

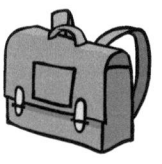

skólataska

baage

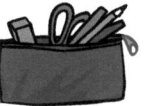

pennaveski

twerɛdua konko

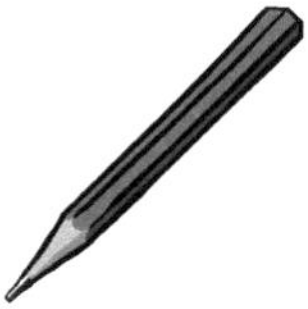

blýantur

twerɛdua

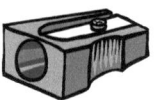

yddari

deɛ yɛde sensen twerɛdua ano

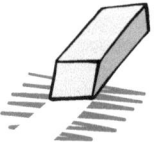

strokleður

rɔba

teikniblað

krataa a yɛdwi adeguso

teikning

adedwie

pensill

penti brɔhye

litakassi

penti adaka

skæri

apasoɔ

lím

aman

æfingabók

nwoma a yɛyɛ mu adwuma

heimavinna

efie adwuma

númer

nɔma

leggja saman

kabom

draga frá

te fri mu

margfalda

mmɔho

reikna

sese

bréf

lɛtɛ

stafróf

ntwerɛeɛ

orð

asɛmfua

texti

ntwerɛdeɛ

lesa

kenkan

krít

kyɔk

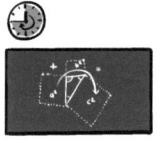

kennslustund

adesua

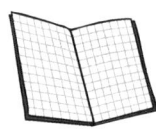

kladdi

twerɛ wo din

próf

nsɔhwɛ

vottorð

abodinkrataa

skólabúningur

sukuu ataadeɛ

menntun

adesua

alfræðirit

nyansa nwoma

háskóli

suapɔn

smásjá

maakroskop

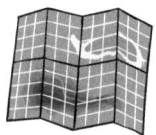

kort

map

ruslakarfa

kɛntɛn a yɛde krataa nwura
gu mu

4

skóli - sukuu

ferðalög
akwantuo

hótel
ahɔhogyebea
Grand
farfuglaheimili
hostɛl
ROOMS
gjaldeyrisskipti
baabi a yɛ sesa sika
EXCHANGE
ferðataska
potomanto
bíll
kaa

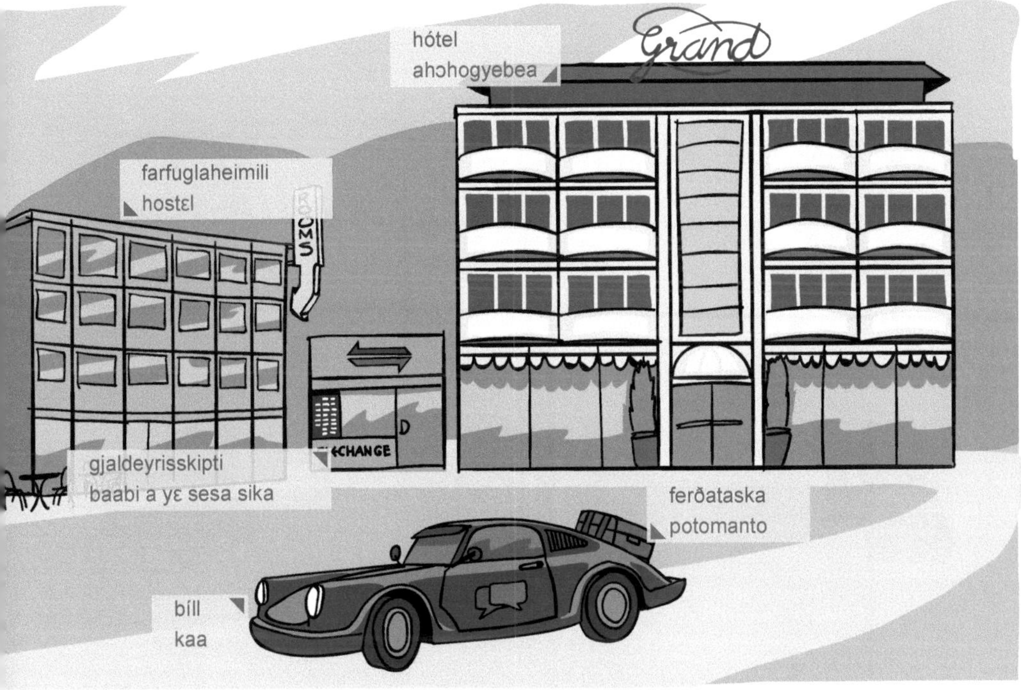

tungumál

kasa

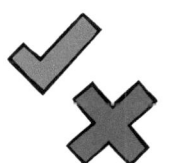

já / nei

aane / dabi

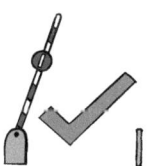

allt í lagi

Yoo

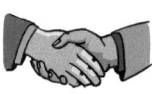

halló

hɛlo

þýðandi

kasa asekyerɛfoɔ

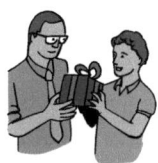

takk fyrir

Medaase

hvað kostar...?

...bɔɔ yɛ sɛn?

Ég skil ekki

Me nte aseɛ

vandamál

ɔhaw

Gott kvöld!

Maadwo!

Góðan dag!

Maakye!

Góða nótt!

Dayie!

bless bless

baibai o

átt

akwankyerɛ

farangur

wo nneɛma

taska

bɔtɔ

bakpoki

akyirebɔtɔ

gestur

ɔhɔhoɔ

herbergi

danmu

svefnpoki

bɔtɔ a yɛda mu

tjald

ntomadan

upplýsingamiðstöð

nsɛm dema wɔn a wɔkɔ
nsrahwɛ

strönd

mpoano

kreditkort

kaade a yɛde yi sika

morgunverður

anɔpa aduane

hádegisverður

awua aduane

kvöldmatur

anwumerɛ aduane

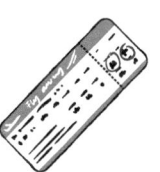

farmiði

tiket

lyfta

pegya

frímerki

stamp

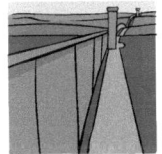

landamæri

ɛhyeɛ so

tollur

kutɔmfoɔ

sendiráð

embasi

vegabréfsáritun

visa

vegabréf

passpɔt

samgöngur
akɔneabadie

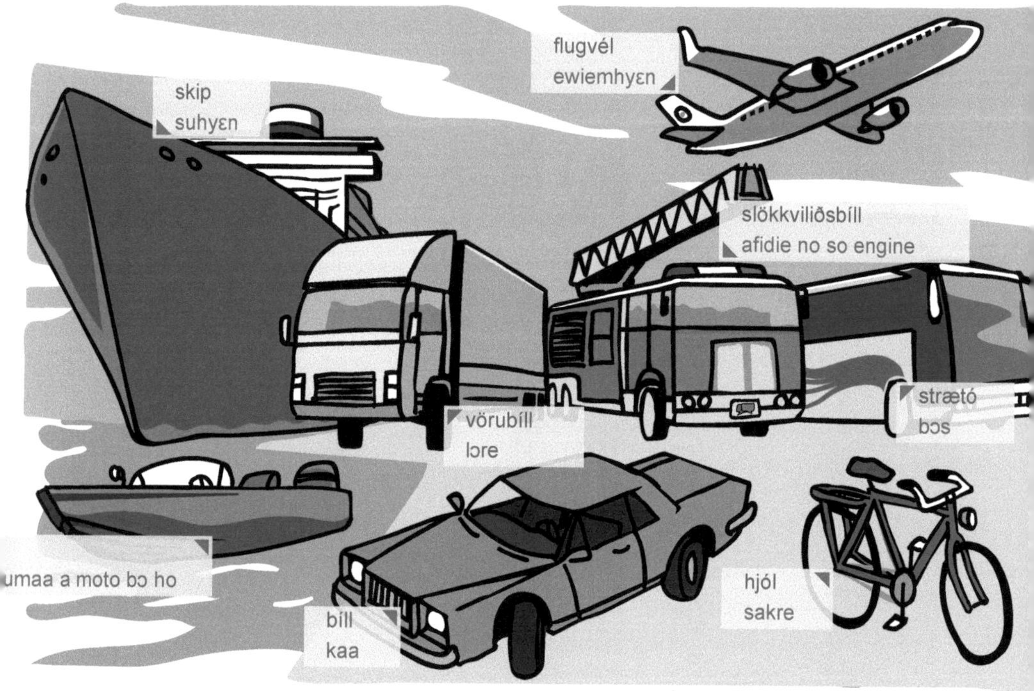
flugvél
ewiemhyɛn
skip
suhyɛn
slökkviliðsbíll
afidie no so engine
strætó
bɔs
vörubíll
lɔre
umaa a moto bɔ ho
hjól
sakre
bíll
kaa

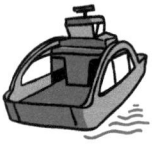

ferja

hyɛma

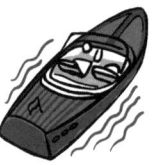

bátur

suhyɛn kumaa

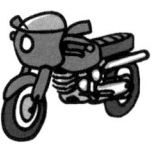

mótorhjól

motosakre

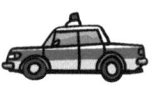

lögreglubíll

polisifoɔ kaa

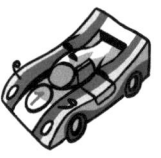

kappakstursbíll

kaa a ɛkɔ mirika akansie

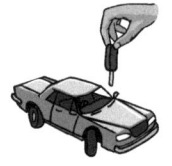

bílaleigubíll

kaa a yɛde ma ahan

bílasamneyti

wɔre kyɛ kaa

dráttarbíll

lɔre a asɛeɛ

öskubíll

bɔɔla kaa

vél

moto

eldsneyti

pɛtro

bensínstöð

baabi a yɛbu pɛtro

umferðarskilti

trafik ahyɛnsodeɛ

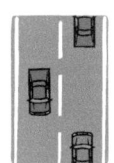

umferð

trafik

umferðarteppa

trafik akye

bílastæði

baabi a yɛde kaa esi

lestarstöð

keteke gyinabea

járnbrautarteinar

keteke kwan

lest

keteke

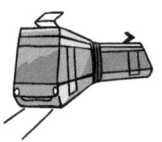

sporvagn

tram

vagn

ponkɔ kaa

þyrla
helikopta

flugvöllur
ewiemhyɛnbea

turn
abansoro

farþegi
apasingyani

gámur
tontowa

pappakassi
adaka

kerra
kaate

karfa
kɛntɛn

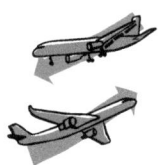

takast á loft / lenda
atu / asi fam

borg
kuro kɛseɛ

þorp
akurase

miðbær
kuro dwaberɛ mu

hús
efie

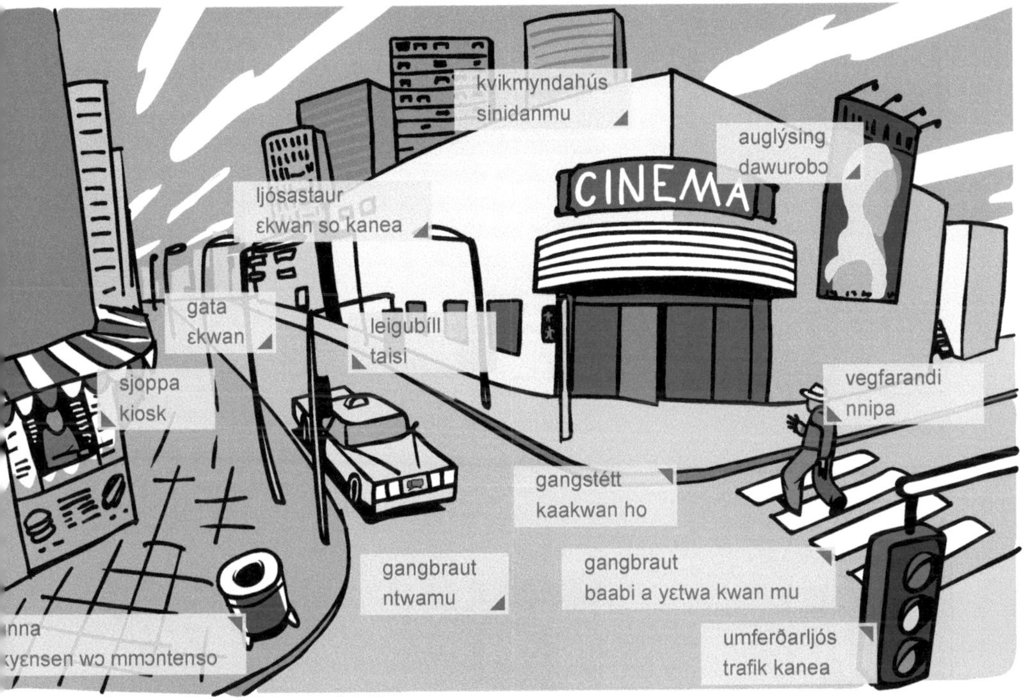

kvikmyndahús
sinidanmu

auglýsing
dawurobɔ

ljósastaur
ɛkwan so kanea

CINEMA

gata
ɛkwan

leigubíll
taisi

sjoppa
kiosk

vegfarandi
nnipa

gangstétt
kaakwan ho

gangbraut
ntwamu

gangbraut
baabi a yɛtwa kwan mu

nna
kyɛnsen wɔ mmɔntenso

umferðarljós
trafik kanea

skáli
....
apata

íbúð
....
efie

lestarstöð
....
keteke gyinabea

ráðhús
....
adwaberɛm

safn
....
bea a yɛ kora tete nneɛma

skóli
....
sukuu

háskóli

suapɔn

banki

sikakrobea

sjúkrahús

ayaresabea

hótel

ahɔhogyebea

apótek

famasi

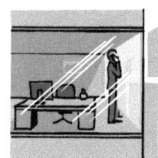

skrifstofa

asoeɛ

bókabúð

sotɔɔ a wɔtɔn nwoma

búð

sotɔɔ

blómabúð

baabi yɛtɔn nhwiren

kjörbúð

sotɔɔpɔn

markaður

edwam

stórmarkaður

sotɔɔ kɛseɛ

fiskbúð

baabi a yɛtɔn mpataa

verslunarmiðstöð

dwadibea kɛseɛ

höfn

suhyɛn gyinabea

almenningsgarður

baabi kaa gyina

bekkur

bɛnkye

brú

ɛtwene

stigi

atwedeɛ

neðanjarðarlest

asaase ase

göng

ɛbɔn

biðstöð

baabi a bɔs gyina

bar

nsanombea

veitingastaður

adidibea

póstkassi

lɛta adaka

götuskilti

ɛkwan so akwankyerɛ

stöðumælir

baabi kaa gyina ho mita

dýragarður

zoo

sundlaug

nsuo a yɛ dware mu

moska

nkramodan

bær
....
afuo

mengun
....
deɛ egu mmɔnten so fi

kirkjugarður
....
asieɛ

kirkja
....
asɔre

leiksvæði
....
agodibea

musteri
....
asɔre dan

landslag
mmɔnten so asiesie

laufblað
ahaban

leiðarvísir
sanbɔd

leið
kwan

engi
asaase a ɛsere wɔ so

steinn
boba

göngufólk
ɔnantefoɔ

tré
dua

á
asubɔnten

gras
ɛserɛ

blóm
nhwiren

dalur

amenamu

hæð

bepɔ

stöðuvatn

tadeɛ

skógur

kwaeɛ

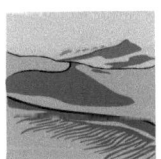

eyðimörk

ɛserɛ so

eldfjall

egya a efri botan mu

kastali

abankɛseɛ

regnbogi

nyankontɔn

sveppur

emere

pálmatré

abɛtene

moskítófluga

ntomntom

fluga

tu

maur

ntɛtea

býfluga

wowa

kónguló

ananse

bjalla

amankuo

froskur

apɔnkyerɛni

íkorni

opuro

broddgöltur

apɛsɛ

héri

adanko

ugla

patuo

fugl

anomaa

svanur

nsuo mu dabodabo

villisvín

kɔkɔte

dádýr

adoa

elgur

ɔtweenini

stífla

dam

vindmylla

wind turbine afidie

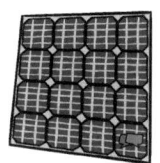

sólarrafhlaða

afidie a ɛkye awia

loftslag

wiem nsakraeɛ

landslag - mmɔnten so asiesie

veitingastaður
adidibea

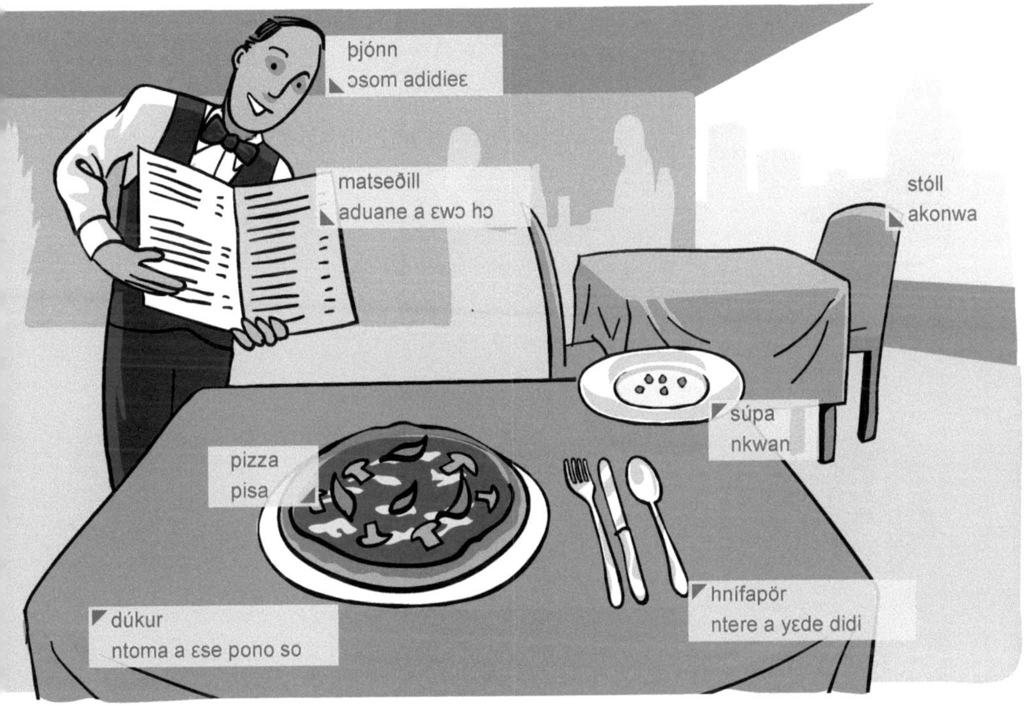

þjónn
ɔsom adidieɛ
matseðill
aduane a ɛwɔ hɔ
stóll
akonwa
súpa
nkwan
pizza
pisa
hnífapör
ntere a yɛde didi
dúkur
ntoma a ɛse pono so

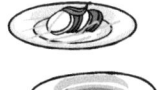

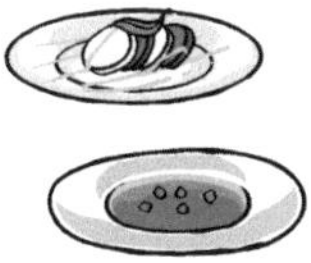

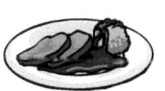

forréttur

mprampra anom

aðalréttur

aduane no ankasa

eftirréttur

mpa anom

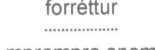

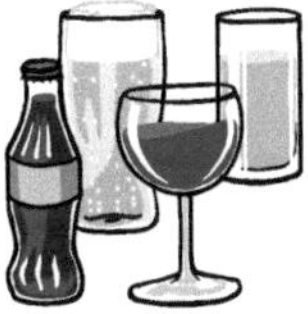

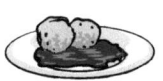

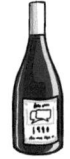

drykkir

nsa

matur

aduane

flaska

toa

skyndibiti

aduane hyewhyew

götumatur

abɔnten so aduane

teketill

tii kukuo

sykurskál

asikyire konko

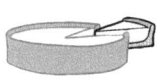

skammtur

wo kyɛfa

espressovél

espresso afidie

barnastóll

akonwa tenten

reikningur

wo ka

bakki

apanpan

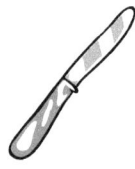

hnífur

sekan

gaffall

adinam

skeið

atere

teskeið

atere ketewa

servíetta

napkin a yɛde pepa ano

glas

glase

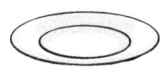

diskur
prɛte

súpudiskur
kwan kyɛnsee

undirskál
prɛte ketewa

sósa
abomu

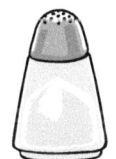

saltstaukur
nkyene kukuo

piparkvörn
yɛde yam mako

edik
fenega

olía
anwa

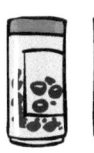

krydd
aduhwam

tómatsósa
kɛkyɔp

sinnep
mustad

majónes
mayones

kjörbúð
sotɔɔpɔn

tilboð
ntesoɔ soronko
FOR
viðskiptavinur
adetɔfoɔ
mjólkurvörur
nanatwie nufusuo
ávöxtur
aduaba
búðarkerra
hwiili

BUTCHERS

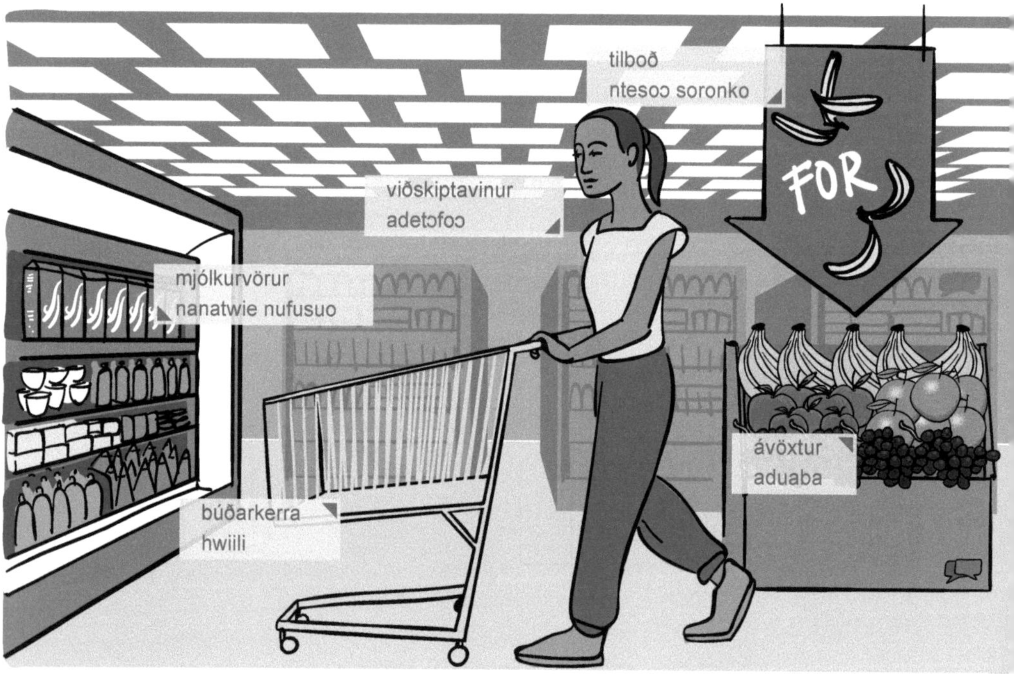

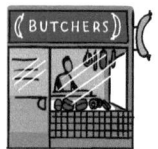

slátrari

baabi a yɛtɔn nam

BAKERY

bakarí

baabi a yɛtɔn paano

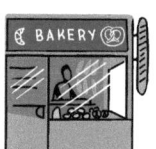

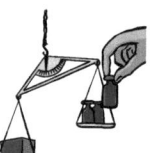

vega

susu

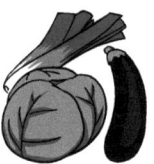

grænmeti

atosodeɛ

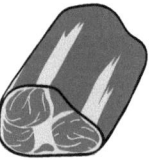

kjöt

nam

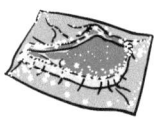

frosinn matur

frigyemu aduane

kjötálegg

nam a adwoɔ

niðursoðinn matur

kyɛnsee mu aduane

þvottaefni

paoda samena

sælgæti

adedɔkɔdɔkɔ

vörur til heimilisnota

efie nneɛma

hreinsiefni

adetɔneɛ a yɛde pepa fin

afgreiðslukona

nnipa a ɔtɔn adeɛ

afgreiðslukassi

afidie a egye sika

gjaldkeri

ɔgyegye sika

innkaupalisti

krataa a wodi rekɔ di dwa

opnunartímar

berɛ a wɔde bua

veski

sikabɔtɔ

kreditkort

kaade a yɛde yi sika

poki

baage

plastpoki

rɔba baage

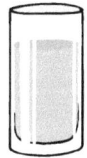

vatn

nsuo

safi

aduaba mu nsuo

mjólk

nufusuo

kók

kok

vín

wain nsa

bjór

biya

áfengi

mmorosa

kakó

kokoo

te

tii

kaffi

kofe

espresso

espresso

kaffi

kapukyino

banani
kwadu

epli
apol

appelsínugulur
ankaa

melóna
melon

sítróna
akutɔɔ

gulrót
karɔt

hvítlaukur
garlik

bambus
pampro

laukur
gyeene

sveppir
mmere

hnetur
nkateɛ

núðlur
talia

spagettí
spageti

hrísgrjón
ɛmo

salat
salad

franskar kartöflur
kyipis

steiktar kartöflur
abrɔdwomaa a y'akye

pizza
pisa

hamborgari
hambɔga

samloka
sanwekye

snitsel
nam a dompe nnim

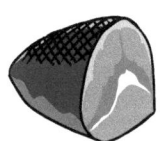

skinka
preko nam

salami
nam a y'ahata

pylsa
sɔsege

kjúklingur
akokɔ

steik
toto

fiskur
apataa

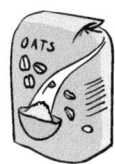

haframjöl
oosu koko

múslí
muesli

kornflögur
konflese

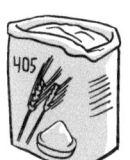

hveiti
esam

franskt horn
krossant

smábrauð
paano a y'abobɔ

brauð
paano

ristað brauð
paano a y'atoto

kex
biskete

smjör
bɔta

ystingur
nufusuo a ada

kaka
keeke

egg
kosua

spælt egg
kosua a y'akyeɛ

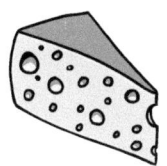

ostur
kyiis

matur - aduane

ís
asskrim

sykur
asikyire

hunang
ɛwoɔ

sulta
gyaam

súkkulaðiálegg
kyokolete

karrý
kɔri

bóndabær
afuomdan

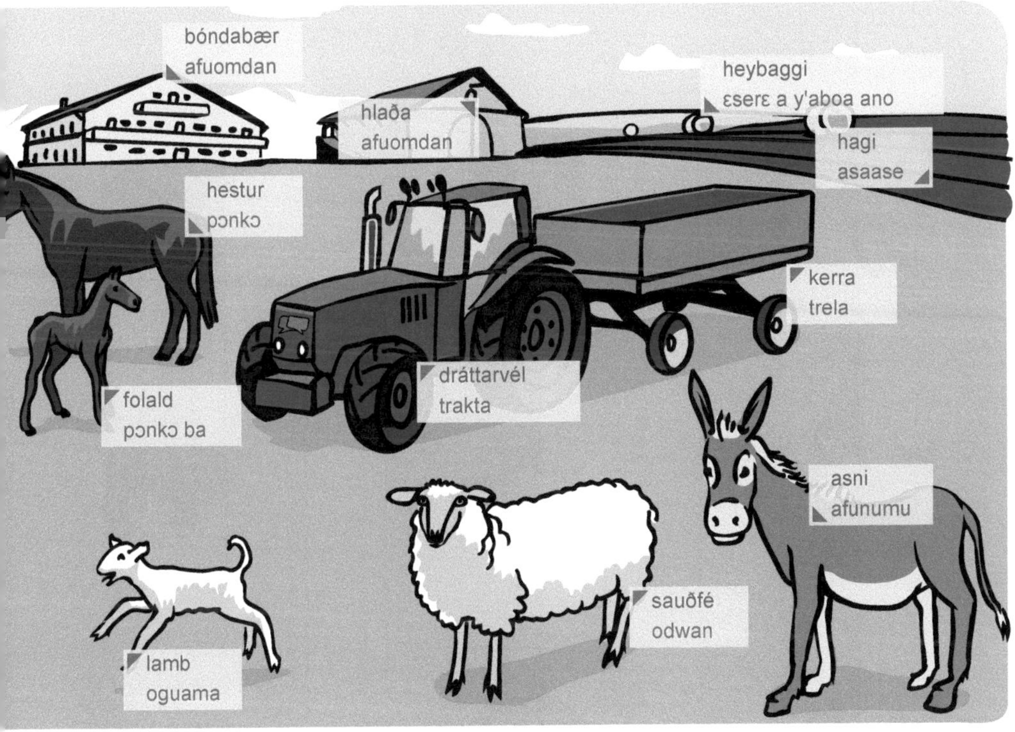

heybaggi
ɛserɛ a y'aboa ano

hlaða
afuomdan

hagi
asaase

hestur
pɔnkɔ

kerra
trela

dráttarvél
trakta

folald
pɔnkɔ ba

asni
afunumu

sauðfé
odwan

lamb
oguama

geit	kýr	kálfur
apɔnkye	nantwie	nantwie ba

svín	grís	naut
prɛko	prɛko ba	nantwinini

gæs
dabodabo nua

önd
dabodabo

ungi
akokɔba

hæna
akokɔbedeɛ

hani
akokɔnini

rotta
kusie

köttur
ɔkra

mús
akura

uxi
nantwinini

hundur
kraman

hundakofi
kraman buo

garðslanga
afuom drobɛn

garðkanna
tontora a yɛde gu nsuo

ljár
sekan a yɛde twa aburo

plógur
funtum dadeɛ

28   bær - afuo

sigð
kɔntɔnkrɔ

hlújárn
asɔ

heygaffall
afuom adinam

öxi
akuma

hjólbörur
hweebaro

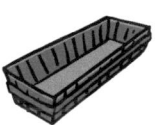

trog
adidika

mjólkurfata
nufusuo konko

poki
bɔtɔ

girðing
ɛban

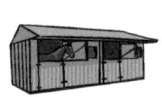

gripahús
pɔnkɔ dan

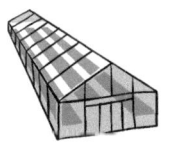

gróðurhús
ntomadan a yɛyɛ mu afuo

jarðvegur
anwea

fræ
aba

áburður
ɔyɛ asaaseyie

kornskurðarvél
otwaberɛ trakta

uppskera
....
twa

uppskera
....
otwaberɛ

kínverskar kartöflur
....
bayerɛ

hveiti
....
ayuo

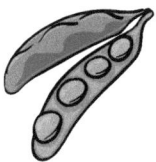

soja
....
soya

kartafla
....
abrɔdwomaa

maís
....
aburo ·

repja
....
repu aba

ávaxtatré
....
dua a ɛso aba

maníókarót
....
bankye

korn
....
aburo asefoɔ

hús
efie

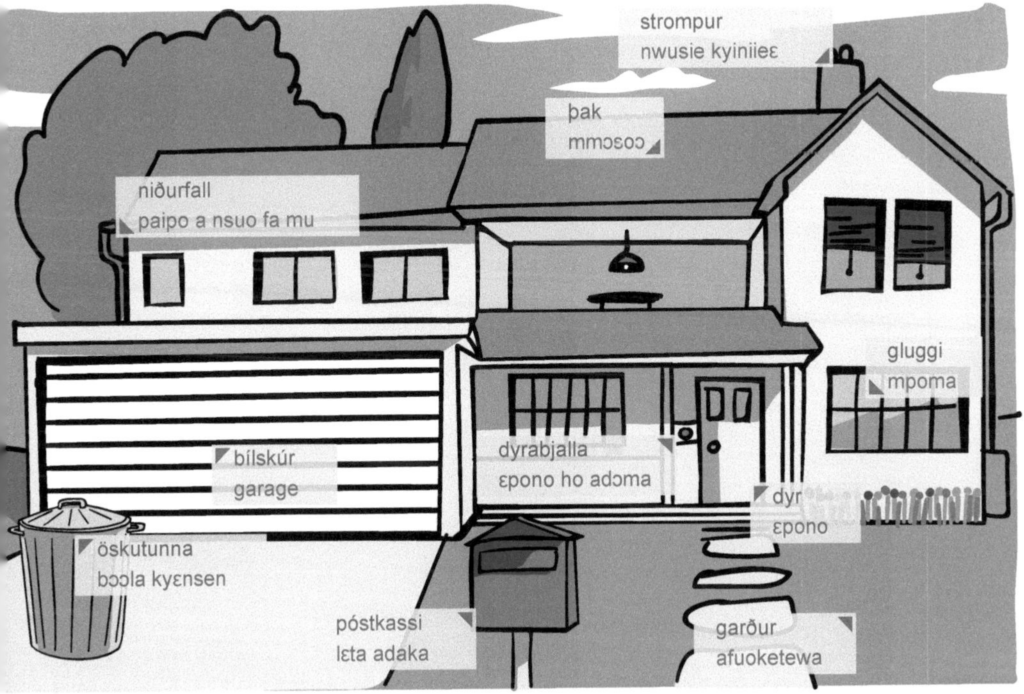

strompur
nwusie kyiniieɛ
þak
mmɔsoɔ
niðurfall
paipo a nsuo fa mu
gluggi
mpoma
bílskúr
garage
dyrabjalla
ɛpono ho adɔma
dyr
ɛpono
öskutunna
bɔɔla kyɛnsen
póstkassi
lɛta adaka
garður
afuoketewa

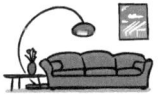

stofa

asaso

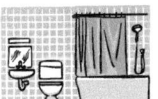

baðherbergi

adwareɛ

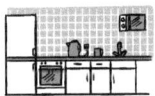

eldhús

mukaase

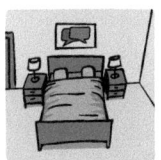

svefnherbergi

pie mu

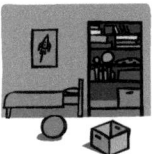

barnaherbergi

nkwadaa dan mu

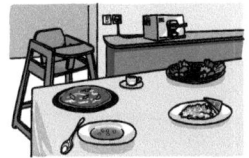

borðstofa

dan a yɛdidi mu

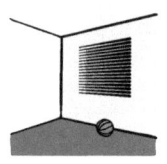

gólf
εfam

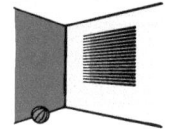

veggur
εban

loft
abruuso

kjallari
danbloo

gufubað
adwereε a εbɔ ɔhyew

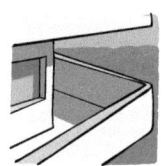

svalir
abranaa

verönd
abranaaso

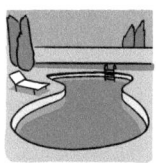

sundlaug
nsuo a yεdware mu

sláttuvél
afidie a yεde dɔ

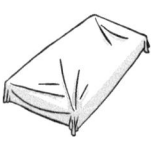

lak
nsεfam

rúmteppi
ntoma a εse kεtε so

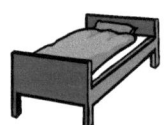

rúm
mpa

kústur
ρrayε

fata
bokiti

rofi
dane

stofa
asaso

veggfóður
krataa a ɛfam dan ho
ljósmynd
nfonin
lampi
kanea
hilla
kɔbɔd
skápur
kɔbɔd adaka
sjónvarp
tiivi
arinn
egya dabrɛ
blóm
nhwiren
púði
kuhyɛn
sófi
akonwa kɛseɛ
vasi
kukuo a nhwiren hye mu
fjarstýring
remote

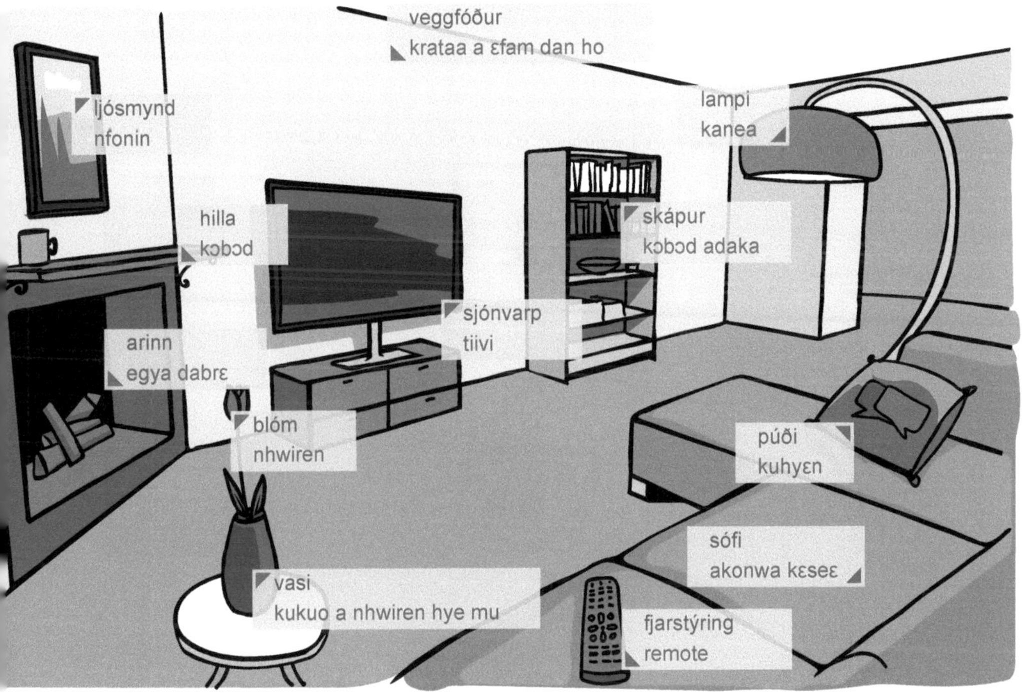

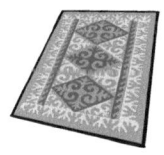

teppi

kapɛte

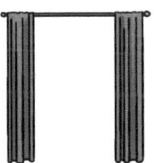

gardínur

ntwaa dan mu

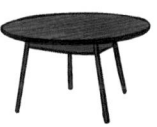

borð

ɛpono

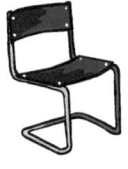

stóll

akonwa

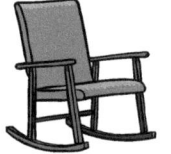

ruggustóll

akonwa a ehinhim

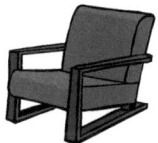

hægindastóll

akonwa a yɛgyegye dan

bók

nwoma

sæng

kuntu

skraut

dan mu nsiesie

eldiviður

egya

mynd

sini

hljómflutningstæki

wailɛs

lykill

safoa

dagblað

koowaa krataa

málverk

nfonin a y'adwi

veggspjald

nfam danho

útvarp

radio

minnisbók

krataa a yɛ twere mu

ryksuga

afidie a ɛprapra

kaktus

kaktus

kerti

kyɛnere

eldhús
mukaase

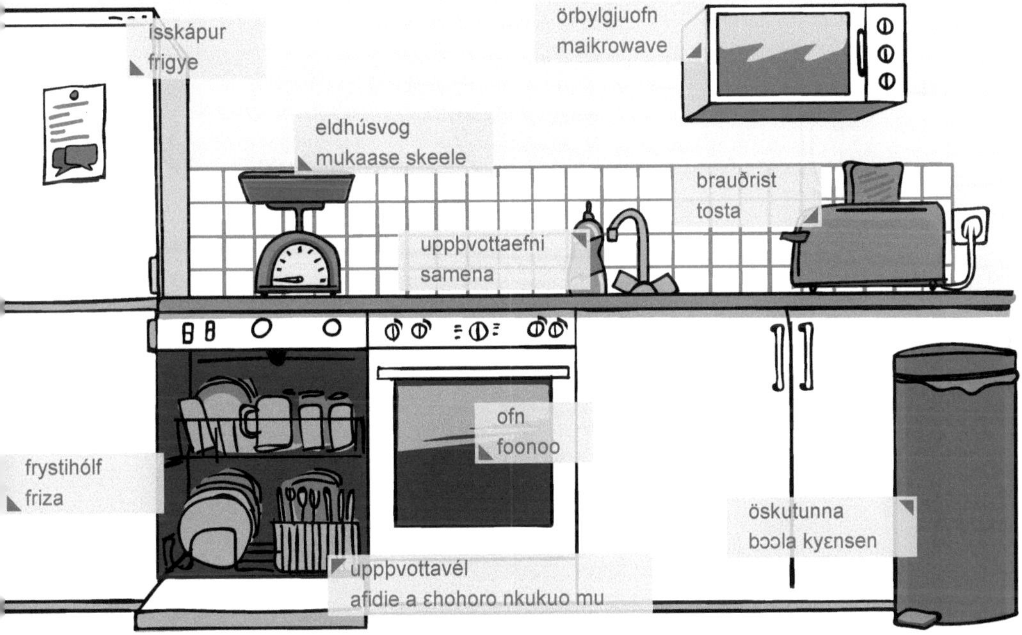
ísskápur
frigye
örbylgjuofn
maikrowave
eldhúsvog
mukaase skeele
brauðrist
tosta
uppþvottaefni
samena
ofn
foonoo
frystihólf
friza
öskutunna
bɔɔla kyɛnsen
uppþvottavél
afidie a ɛhohoro nkukuo mu

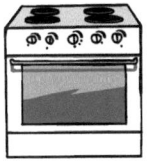

eldavél

abɛɛfo bukyea

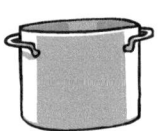

pottur

kokuo

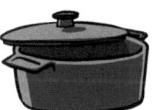

steypujárnspottur

dadesɛn

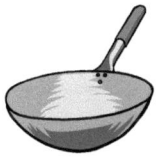

wok/kadai

wok / kadai

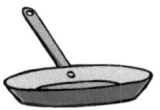

panna

kyɛnsee

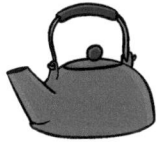

ketill

nsuo hyeɛ afidie

gufukarfa
stiima

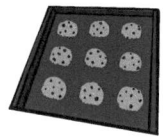

ofnform
apa a yɛ to so adeɛ

leirtau
prɛte, kuruwa, ntere ne nea ɛkeka ho

mál
kuruwa a etumi bɔ

skál
kyɛnsee

prjónar
nnua a yɛde didi

ausa
kwantre

spaði
dua atere

pískur
yɛde nu adeɛ mu

sigti
sɔneɛ

málmsigti
fefe

rifjárn
greta

mortél
waduro

grill
kyinkyinga

opinn eldur
bukyea

skurðarbretti

pono a yɛ twitwaso adeɛ

kökukefli

ɛta

tappatogari

deɛ yɛtu nsa so

dós

konko

dósaopnari

deɛ yɛde bue konko so

pottaleppur

yɛde sɔ kukuo mu

vaskur

sink

bursti

brɔhye

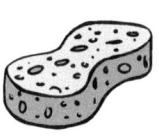

svampur

sapɔ

blandari

aduane yam fidie

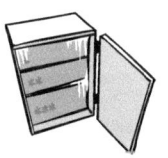

frystir

friza nini

peli

toa a abɔdoma nom ano

blöndunartæki

paipo

eldhús - mukaase

baðherbergi
adwareɛ

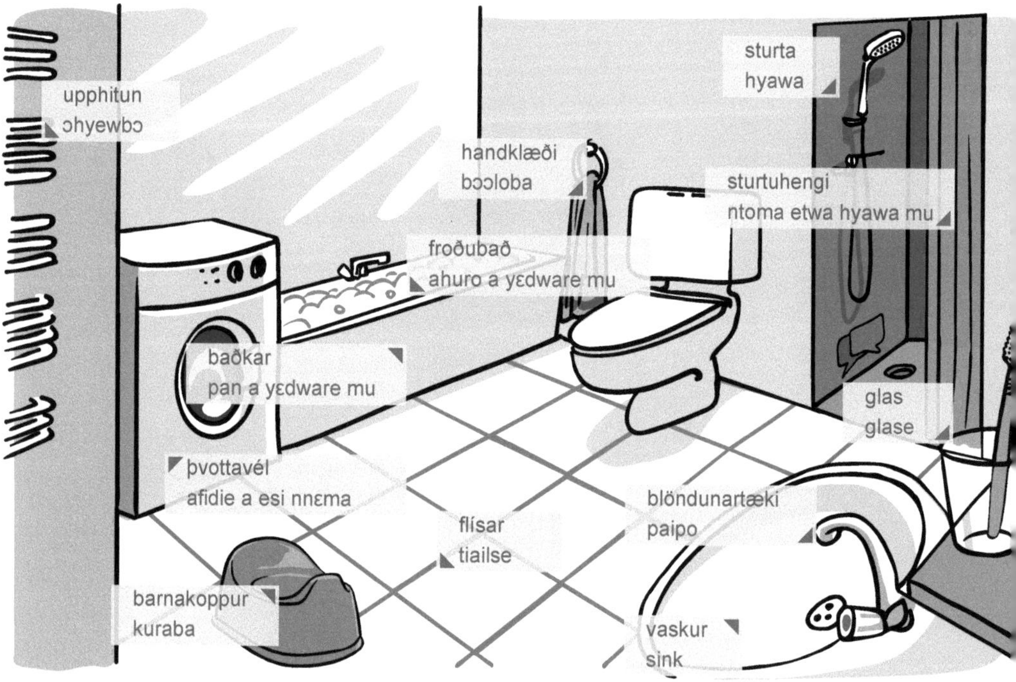

upphitun
ɔhyewbɔ
sturta
hyawa
handklæði
bɔɔloba
sturtuhengi
ntoma etwa hyawa mu
froðubað
ahuro a yɛdware mu
baðkar
pan a yɛdware mu
glas
glase
þvottavél
afidie a esi nnɛma
blöndunartæki
paipo
flísar
tiailse
barnakoppur
kuraba
vaskur
sink

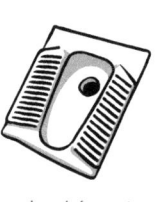

salerni
teɛfi

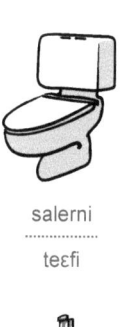

salerni án setu
teɛfi a yɛ koto so

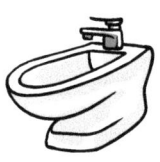

skolskál
bidet teɛfi

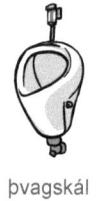

þvagskál
dwonsɔ dan

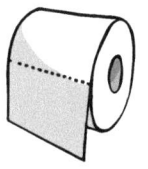

salernispappír
teɛfi so krataa

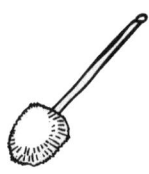

salernisbursti
teɛfi so brɔhye

tannbursti
rɔhye a yɛde twitwiri see

tannkrem
aduro a yɛde twitwiri see

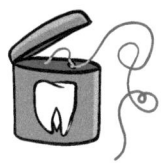

tannþráður
yɛde yiyi ɛsee mu

þvo
si

handsturta
hyawa a yɛsɔ mu

salernissturta
paipo a yɛde hohoro
ananmu

vaskur
bokiti

bakbursti
brɔhye a wode dware w'akyi

sápa
samena

sturtugel
hyawa samena

sjampó
nsuo samena

flannel
flanɛl ntoma

niðurfall
baabi a nsu fa pue

krem
nku

svitalyktareyðir
yɛde fefa amotoamu

spegill

ahwehwɛ

handspegill

ahwehwɛ a yɛsɔ mu

rakskafa

bled

raksápa

ahuro a yɛde yi nwi

rakspíri

aduro a yɛde fefa baabi a
wo ayi nwi

greiða

afen

bursti

brɔhye

hárþurrka

afidie a ɛwo nwi

hársprey

enwi sopre

farði

pɔns

varalitur

lipstike

naglalakk

penti a yɛde mɔreɛ so

bómull

asaawa

naglaklippur

apasɔɔ a etwa mmɔreɛ

ilmvatn

aduhwam

þvottapoki

adwareɛ baage

kollur

edwa

vog

skele

sloppur

adwereɛ ataadeɛ

gúmmíhanskar

rɔba a yɛde hyɛ nsa ho

tíðatappi

tampon

dömubindi

abɛɛfo amonsen

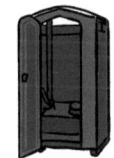

efnasalerni

teɛfi a aduro gum

barnaherbergi
nkwadaa dan mu

vekjaraklukka
klɔk a ɛbɔ nkaeɛ
mjúkt leikfang
kyoobi
leikfangabíll
toi kaa
hrista
akasaa
dúkkuhús
broniba dan
gjöf
seeseiara

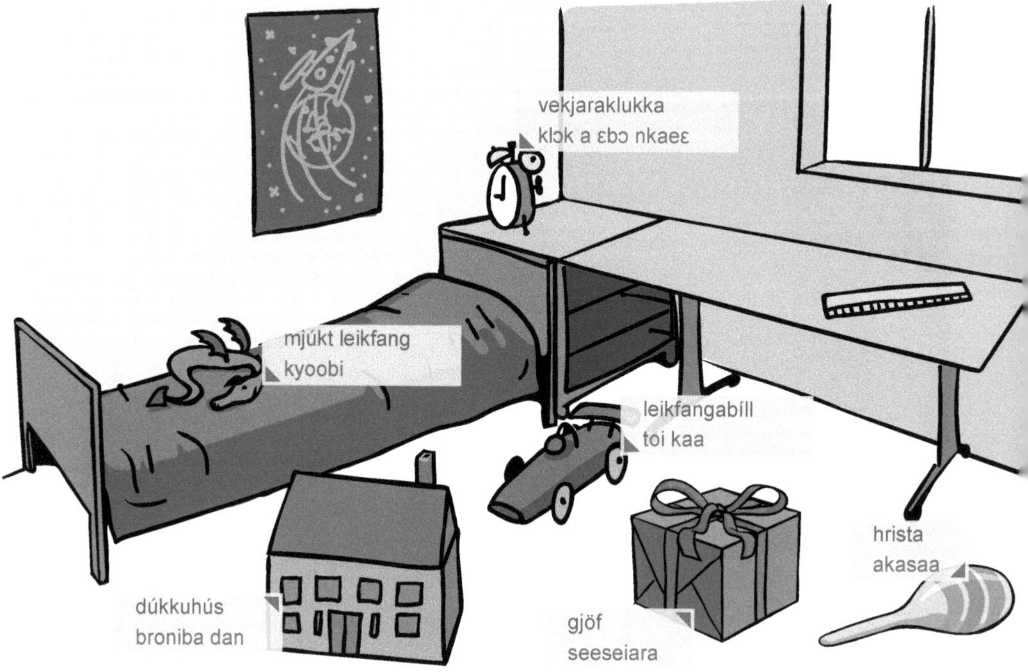

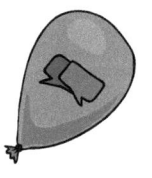

blaðra
baaluu

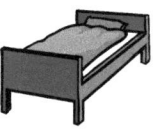

rúm
mpa

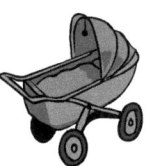

barnavagn
nkwadaa kaa

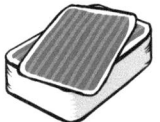

spilastokkur
sopaa

púsluspil
gyiksɔɔ

SUPER
MEGA

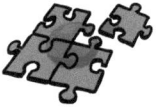

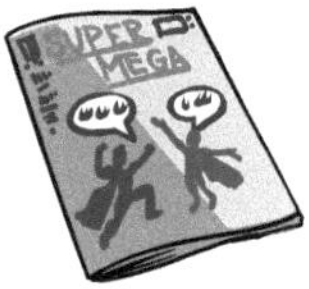

myndasaga
nsɛnkwa

legókubbar

lego blɔg

leikfangakubbar

blɔg a yɛde si dan

leikfangakall

nnipa ɔbɔhye

samfestingur

abɔdoma ataadeɛ

Frisbídiskur

frisbee

órói

mobail

spilaborð

ponoso agodie

teningar

daahye

lestarlíkan

nkwadaa keteke

snuð

koliko

veisla

apontoɔ

myndabók

nfonin nwoma

bolti

bɔɔlo

brúða

broniba

spila

di agorɔ

sandkassi

anwea adaka

sveifla

adonko

leikföng

tois

leikjatölva

video agodie apaawa

þríhjól

sakre a ne nan mɛɛnsa

bangsi

kyoobi

fataskápur

wɔdropo

föt

ntaadeɛ

sokkar

sɔks

kvensokkabuxur

stokens

sokkabuxur

sekentait

trefill
duku

belti
bɛlɛte

regnhlíf
kyiniɛ

stuttermabolur
t-hyɛɛt

skór
mpaboa

inniskór
kyalewate

strigaskór
kamboo

sandalar	skór	gúmmístígvél
asopatre	mpoboa	rɔba mpaboa
nærbuxur	brjóstahaldari	vesti
ɛtam	bra	singlɛte

samfella

nipadua

buxur

trɔsa

gallabuxur

gyins

pils

sekɛɛt

blússa

ɛsoro ataadeɛ

skyrta

hyɛɛte

peysa

nkatoho a ɛko awɔ

hettupeysa

hoodie

jakki

koot

jakki

nkatasoɔ

frakki

nkatasoɔ

regnfrakki

nsutɔ mu nkataho

dragt

dwumadie bi ho ataadeɛ

kjóll

mmaa atadeɛ

brúðarkjóll

ayefrɔ ataadeɛ

jakkaföt

kootu

náttkjóll

mmaa ataadeɛ a yɛde da

náttföt

pigyamas ataadeɛ

Sari

sari

höfuðslæða

duku

túrban

abotire

búrka

burka

kaftan

kaftan

abaya

nkramofoɔ mmaa atadeɛ

sundföt

taadeɛ a yɛde dware nsuo

sundbuxur

asenemu ataadeɛ

stuttbuxur

nika

íþróttagalli

agokansie ntaadeɛ

svunta

akatasoɔ

hanskar

nsa nkataho

hnappur

botom

gleraugu

sopɛɛse

armband

ahwnEE

hálsmen

komadeɛ

hringur

kawa

eyrnalokkur

asomadeɛ

húfa

ɛkyɛ

herðatré

yɛde koot sɛn so

hattur

ɛkyɛ

bindi

abɔmene mu

rennilás

zip

hjálmur

ɛkyɛ denden

axlabönd

bresis

skólabúningur

sukuu ataadeɛ

einkennisbúningur

adwuma ataadeɛ

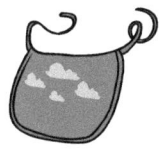

smekkur
mmɔfra bib

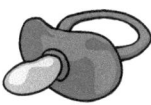

snuð
koliko

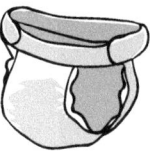

bleyja
nkwadaa napken

skrifstofa
asoeɛ

netþjónn
sɛɛva
skjalaskápur
kabenɛt
prentari
printa
pappír
krataa
skjár
monita
mús
Maws
skrifborð
ɛpono a yɛyɛ so adwuma
mappa
nhyemu
lyklaborð
ntwerɛɛɛ pono
arfa
a yɛde krataa nwura gu mu
stóll
akonwa
tölva
komputa

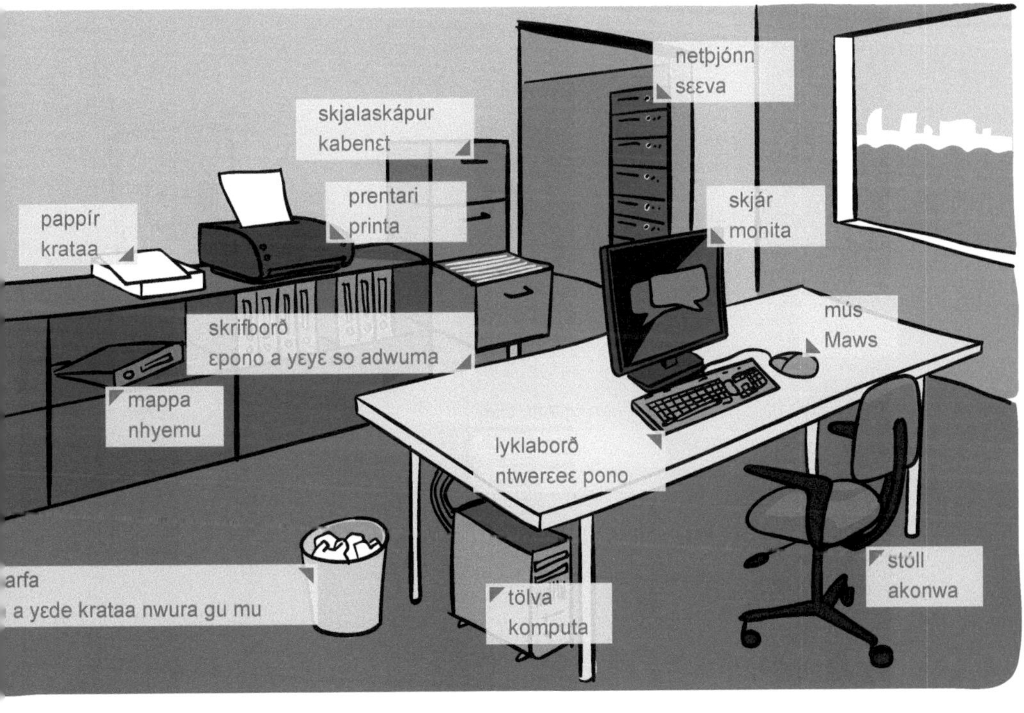

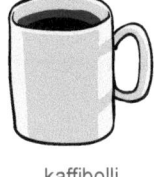

kaffibolli
kɔfe kuruwa

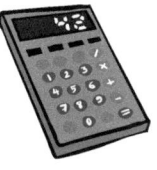

reiknivél
akontabuo fidie

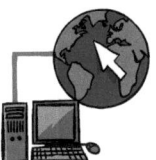

internet
intanɛt

fartölva
laptop

bréf
lɛta

skilaboð
nkratɔɔ

farsími
mobail kasafidie

net
nɛtwɛke

ljósritunarvél
fotokɔpi

hugbúnaður
softwɛɛ

sími
tetefon

innstunga
sɔkɛt

faxtæki
faks afidie

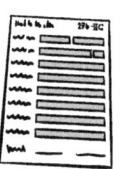

eyðublað
katraa

skjal
nkrataa

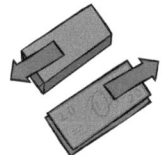

kaupa

tɔ

borga

tua

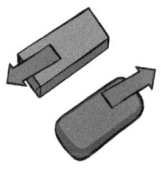

versla

di dwa

peningar

sika

dollari

dollar

evra

euro

jen

yen

rúbla

rubel

svissneskur franki

Swiss franks

renminbi yuan

renminbi yuan

rúpíur

rupii

hraðbanki

baabi yɛtua sika

gjaldeyrisskipti

baabi a yɛ sesa sika

gull

sika kɔkɔɔ

silfur

dwetɛ

olía

now

orka

ahoɔden

verð

ne bɔɔ

samningur

kontragye

skattur

ɛtoɔ

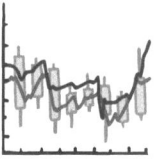

hlutabréf

stɔk

vinna

adwuma

starfsmaður

adwumayɛni

vinnuveitandi

adwumawura

verksmiðja

mfididwuma mu

búð

sotɔɔ

starfsgreinar
nwuma ahodoɔ

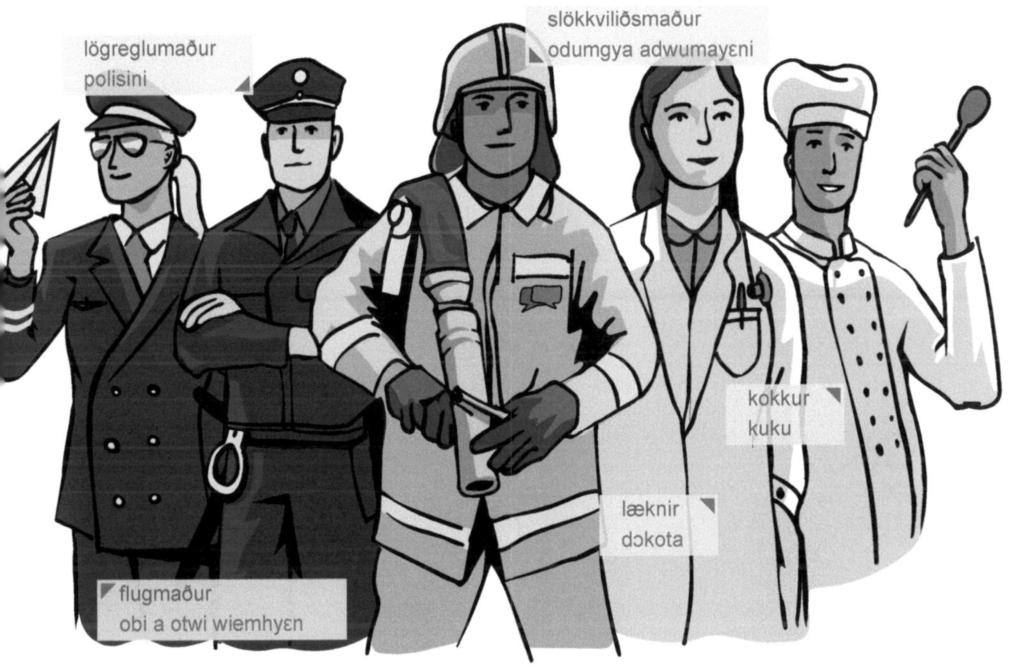
lögreglumaður
polisini
slökkviliðsmaður
odumgya adwumayɛni
kokkur
kuku
læknir
dɔkota
flugmaður
obi a otwi wiemhyɛn

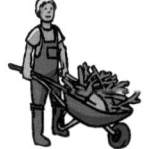

garðyrkjumaður

ɔyɛ afuo

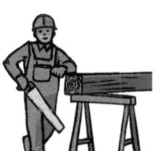

smiður

dua dwomfoɔ

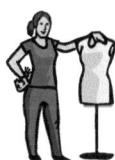

saumakona

adepani baa

dómari

atɛnmuafoɔ

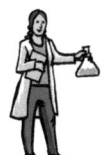

lyfjafræðingur

ɔtɔn nnuro

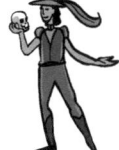

leikari

sini yɛfoɔ

strætóbílstjóri

bɔs drɔba

leigubílstjóri

taisi drɔba

sjómaður

ɔpofoɔ

ræstitæknir

ɔbaa a osiesie fie

þaksmiður

ɔbɔdanso

þjónn

ɔsom adidieɛ

veiðimaður

bɔmɔfoɔ

málari

penta

bakari

ɔto paano

rafvirki

ɔyɛ nkaneɛ ho adwuma

byggingaverkamaður

ɔdansifoɔ

verkfræðingur

inginia

slátrari

ɔdwa nam

pípari

plɔmba

póstmaður

krataa manefoɔ

hermaður

sogyani

arkitekt

ɔdwi adan

gjaldkeri

ɔgyegye sika

blómasali

ɔtɔn nhwiren

hárgreiðslumaður

ɔyɛ tire

lestarstjóri

meeti

vélvirki

fitani

skipstjóri

nnipa a otwi suhyɛn

tannlæknir

ɛsee dɔkota

vísindamaður

abɔdeɛ mu nimdefoɔ

rabbíi

rabi

Imam

kramo panin

munkur

ɔsɔfo

prestur

osɔfo

verkfæri
anwenade

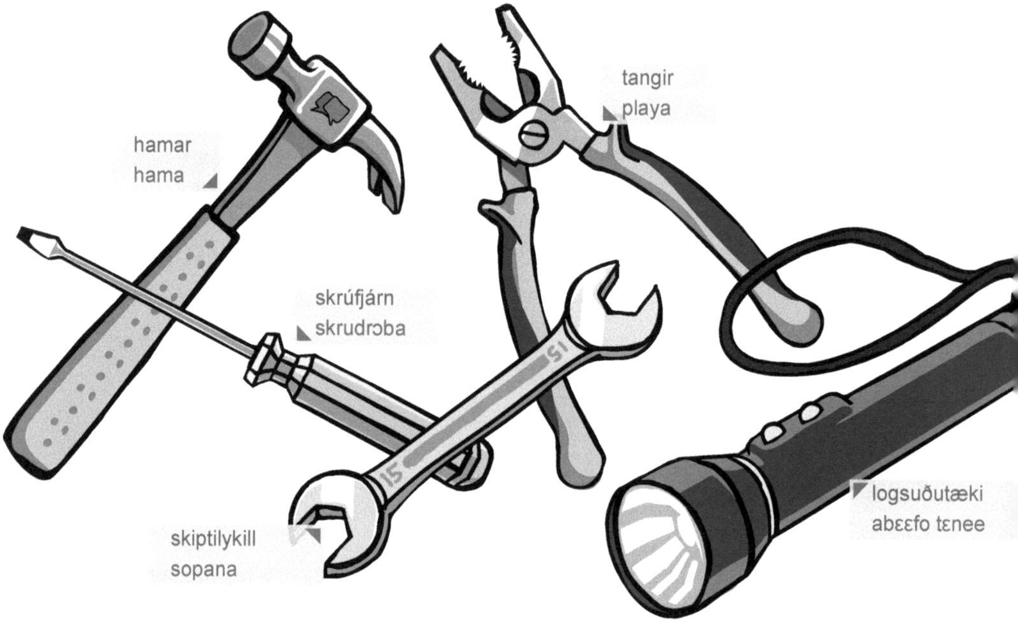

tangir
playa
hamar
hama
skrúfjárn
skrudrɔba
skiptilykill
sopana
logsuðutæki
abɛɛfo tɛnee

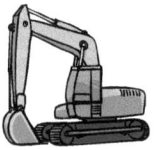

grafa

otu amena

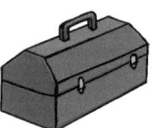

verkfærataska

anwenade adaka

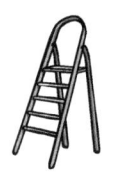

stigi

atwedeɛ

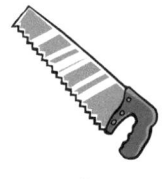

sög

asradaa

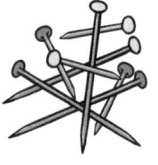

naglar

nnadewa

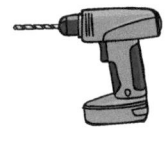

bor

afidie a yɛde bɔne tokro

gera við

siesie

skófla

sofi

Fjandinn!

Ebei!

fægiskófla

asanwura

málningarfata

penti kukuo

skrúfur

skruu

hljóðfæri

nneɛma a yɛde bɔ nwom

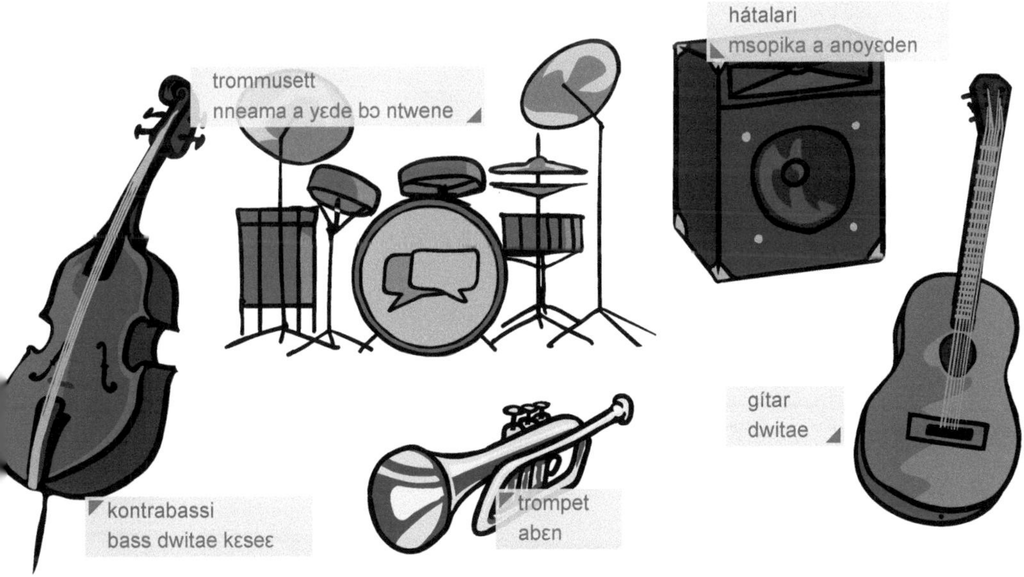

trommusett
nneama a yɛde bɔ ntwene

hátalari
msopika a anoyɛden

gítar
dwitae

kontrabassi
bass dwitae kɛseɛ

trompet
abɛn

píanó

sankuo

fiðla

ahoma sankuo

bassi

bass dwitae

pákur

atumpan

trommur

ntwene

hljómborð

ntwerɛeɛ apa

saxófónn

saksofon

flauta

atentenbɛn

hljóðnemi

maikrofon

dýragarður

zoo

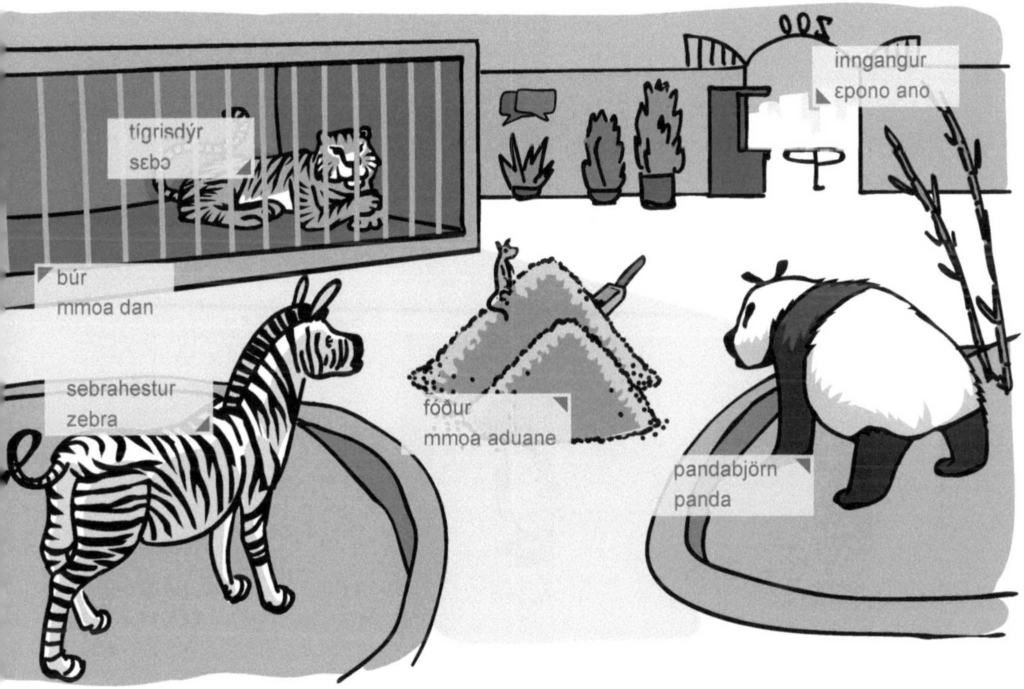

inngangur
ɛpono ano
tígrisdýr
sɛbɔ
búr
mmoa dan
sebrahestur
zebra
fóður
mmoa aduane
pandabjörn
panda

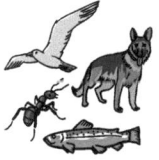

dýr
mmoa

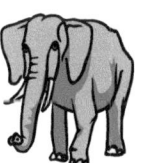

fíll
ɔsono

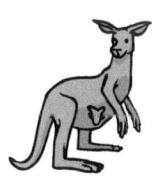

kengúra
kangaru

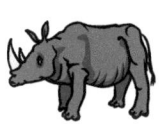

nashyrningur
raino

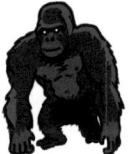

górilla
akatea

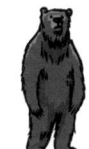

skógarbjörn
sisire

úlfaldi

afunupɔnkɔ

strútur

sohori

ljón

gyata

api

adwee

flamingó

flamingo

páfagaukur

ako

ísbjörn

awɔ mu sisire

mörgæs

penguin

hákarl

oboodede

páfugl

akɔkonini abankwa

snákur

wɔwɔ

krókódíll

dɛnkyɛm

dýragarðsvörður

nnipa ɛhwɛ zoo so

selur

nsuo mu gyata

jagúar

sebɔ

dýragarður - zoo

hestur

pɔnkɔ ba

hlébarði

etwie

flóðhestur

susuono

gíraffi

kɔntenten

örn

ɔkɔdeɛ

villisvín

kɔkɔte

fiskur

apataa

skjaldbaka

sudandan

rostungur

walrus

refur

sakraman

gasella

ɔtwee

Ameríksur fótbolti
Amerikafɔɔ futbɔɔlo

hjólreiðar
skre twie

tennis
tennis

körfubolti
basketbɔɔlo

sund
nsuom adwareɛ

íshokkí
asukɔkyea so hɔki

hnefaleikar
akutruku

fótbolti

futbɔl

hnit

badmintin

frjálsar íþróttir

mirikatuo

handbolti

bɔɔlo a yɛde nsa bɔ

skíði

skii

póló

polo

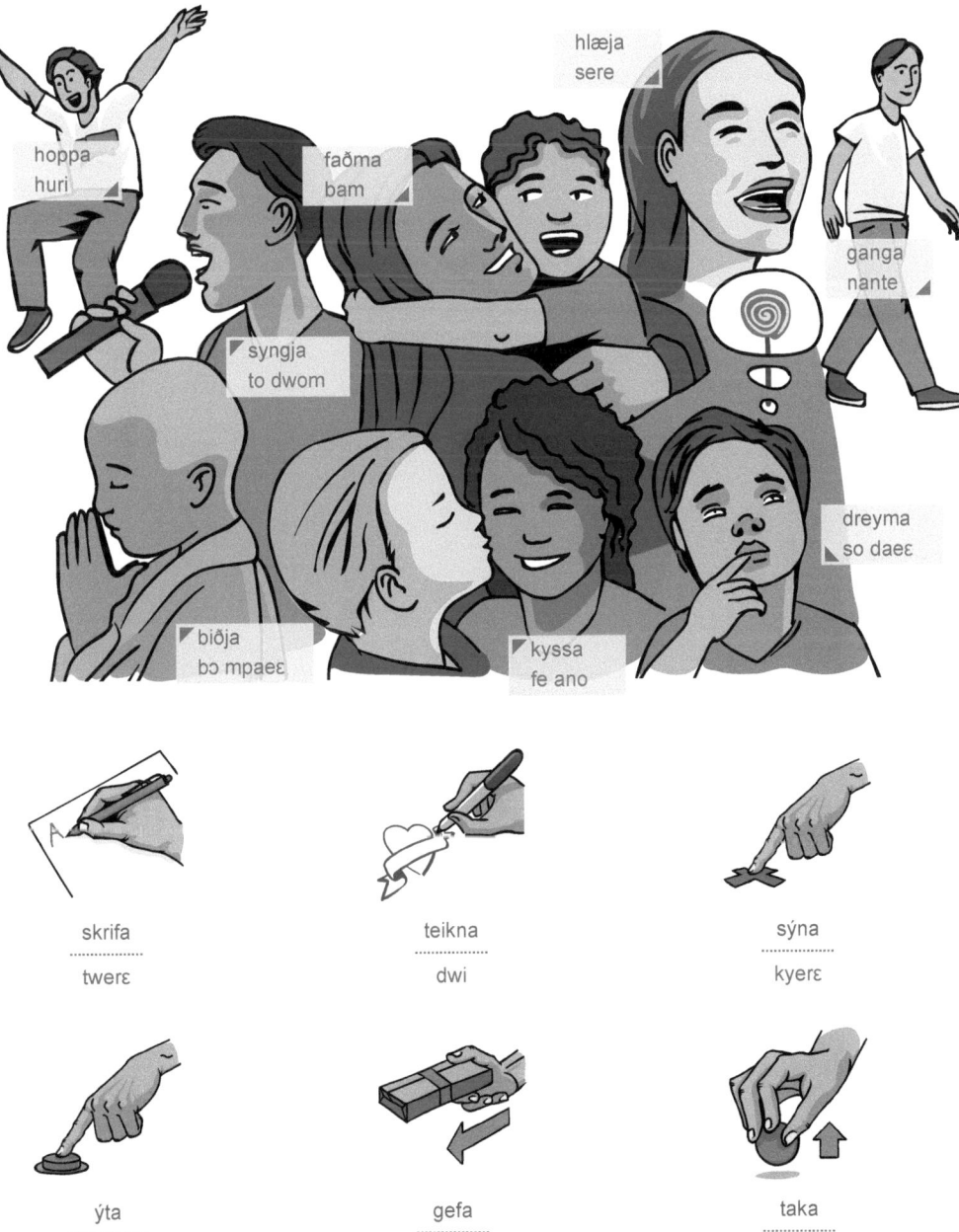

hlæja
sere

hoppa
huri

faðma
bam

ganga
nante

syngja
to dwom

dreyma
so daeɛ

biðja
bɔ mpaeɛ

kyssa
fe ano

skrifa
twerɛ

teikna
dwi

sýna
kyerɛ

ýta
pia

gefa
ma

taka
fa

hafa
nya

gera
yɛ

vera
yɛ

standa
gyina

hlaupa
tu mirika

draga
twe

kasta
to

detta
tɔ fam

ljúga
da hɔ

bíða
twɛn

bera
soa

sitja
tenase

klæða sig
hyɛ ataadeɛ

sofa
da

vakna
nyane

líta á

hwɛ

gráta

su

strjúka

san ho

greiða

nunum

tala

kasa

skilja

te aseɛ

spyrja

bisa

hlusta

tie

drekka

nom

borða

didi

taka til

yɛ nsiesie

elska

ɔdɔ

elda

noa

keyra

twi

fljúga

tu

sigla

fa nsuo so

reikna

sese

lesa

kenkan

læra

sua

vinna

adwuma

giftast

ware

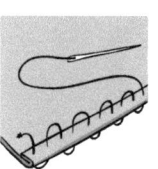

sauma

pam

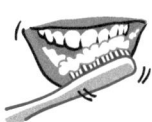

bursta tennur

twitwiri wo se

drepa

kum

reykja

nom gyot

senda

mane

fjölskylda
abusua

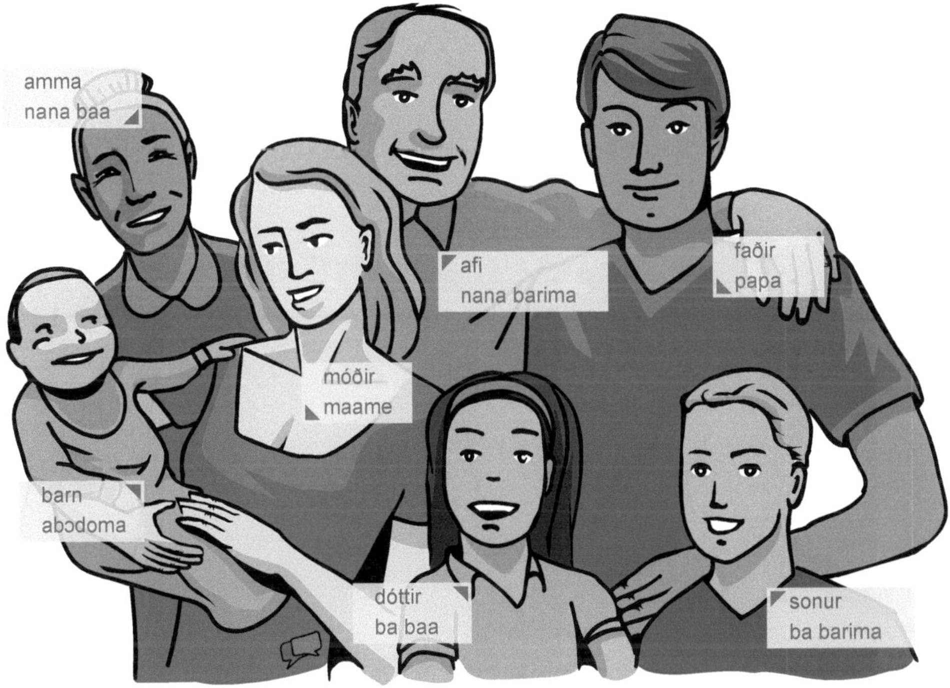
amma
nana baa
afi
nana barima
faðir
papa
móðir
maame
barn
abɔdoma
dóttir
ba baa
sonur
ba barima

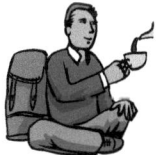

gestur

ɔhɔhoɔ

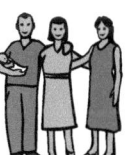

frænka

sewaa

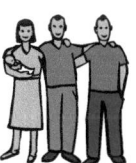

frændi

wɔfa

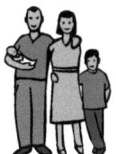

bróðir

nua barima

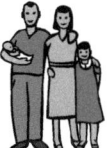

systir

nua baa

líkami
nipadua

enni
moma
auga
ani
öxl
abɛtire
fingur
nsatea
andlit
anim
haka
apantan
hönd
nsa
fótleggur
ɛnan
brjóst
nufoɔ
handleggur
nsa

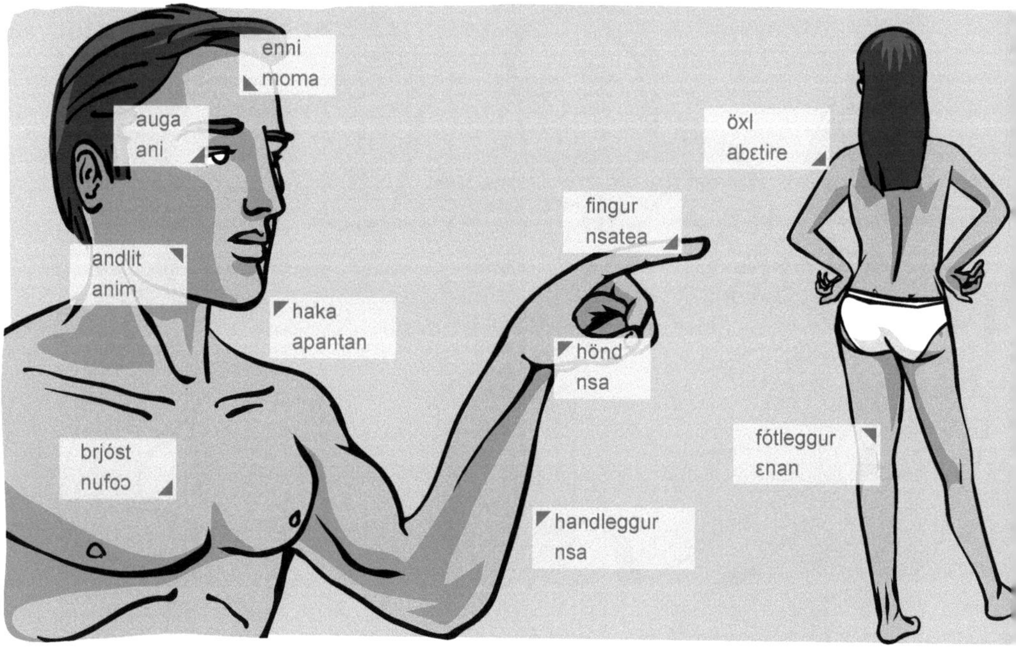

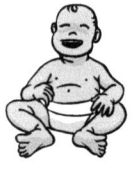

barn

abɔdoma

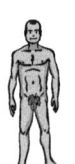

maður

barima

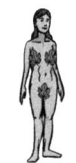

kona

ɔbaa

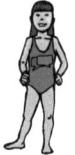

stúlka

abayewa

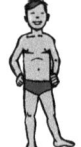

drengur

abarimawa

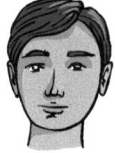

höfuð

etire

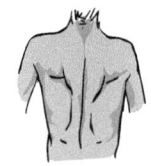

bak
akyi

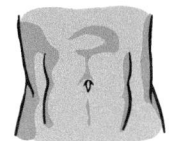

kviður
afro

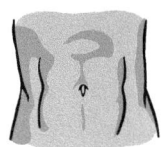

nafli
fruma

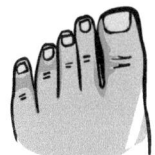

tá
nansoa

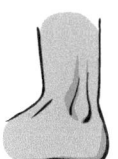

hæll
nantini

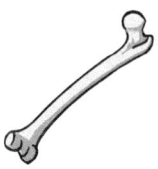

bein
dompe

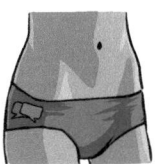

mjöðm
ataasɔɔ

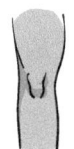

hné
kotodwe

olnbogi
abatwɛ

nef
ɛhwene

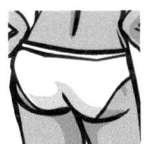

rass
ɛtoɔ

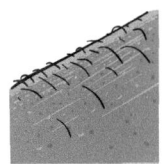

húð
wedeɛ

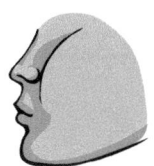

kinn
afono

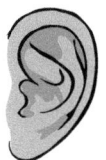

eyra
aso

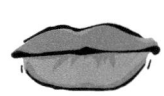

vör
ano

líkami - nipadua

munnur

anom

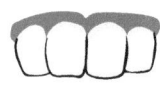

tönn

ɛsee

tunga

tɛkyerɛma

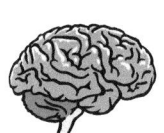

heili

adwene

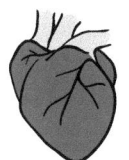

hjarta

akoma

vöðvi

ntini

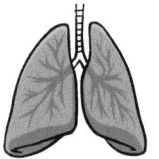

lunga

aharawa

lifur

brɛboɔ

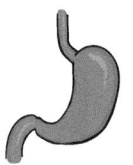

magi

yafunu

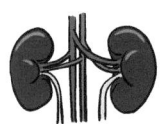

nýru

asaa

kynmök

nna

smokkur

kɔndɔm

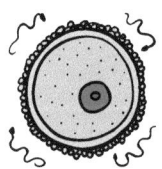

eggfruma

ɔbaa nkosua

sæði

barima ho nsuo

ólétta

nyinsɛn

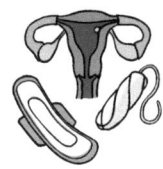

tíðir

nsabuo

leggöng

ɛtwɛ

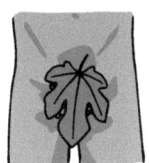

typpi

kɔteɛ

augabrún

anintɔn

hár

enwin

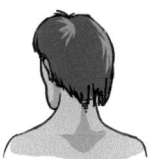

háls

ɛkɔn

sjúkrahús
ayaresabea

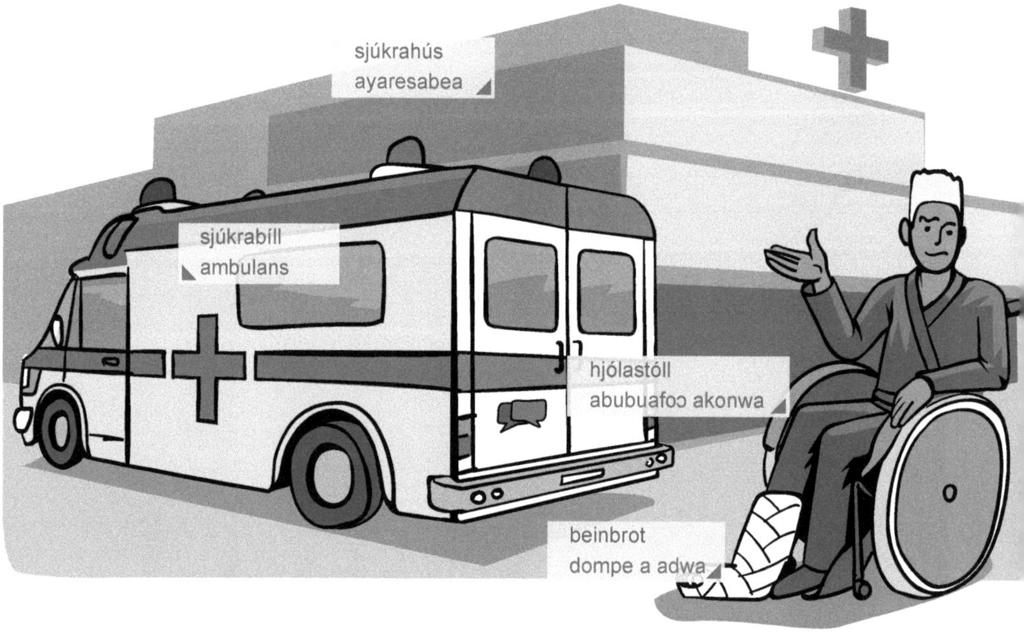

sjúkrahús
ayaresabea
sjúkrabíll
ambulans
hjólastóll
abubuafoɔ akonwa
beinbrot
dompe a adwa

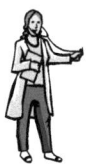

læknir

dɔkota

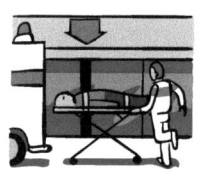

bráðamóttaka

ɛdan a wɔde putupru nsɛm kɔmu

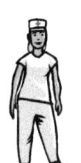

hjúkrunarfræðingur

nɛɛse

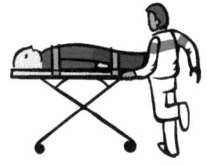

neyðartilvik

putupru

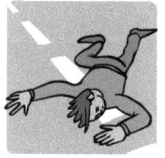

meðvitundarlaus

wɔ atwa ahwe

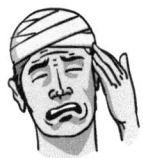

verkir

yea

meiðsli

epira

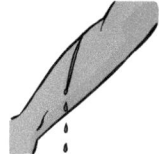

blæðing

mogyatuo

hjartaáfall

akoma yarenini

heilablóðfall

stroke yareɛ

ofnæmi

allegyi

hósti

ɛwa

hiti

ahoɔhyeɛ

flensa

papu

niðurgangur

ayamtuo

höfuðverkur

tipaeɛ

krabbamein

kokoram

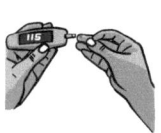

sykursýki

asikyire yareɛ

skurðlæknir

dɔkota a ɛyɛ oprehyɛn

skurðhnífur

skapɛl sekan

aðgerð

aprehyɛn

sneiðmyndataka

CT

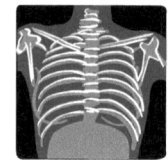

röntgengeisli

x-ray

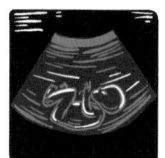

ómskoðun

ultrasound

andlitsgríma

nkatanim

sjúkdómur

yareɛ

biðstofa

ɛdan a wɔ twɛn mu

hækja

krɔhyes

gifs

plasta

sáraumbúðir

banege

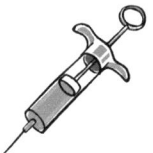

sprauta

paneɛ

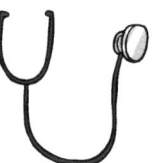

hlustunarpípa

Stetoskop

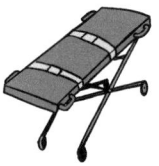

börur

ahomankaa

líkamshitamælir

afidie a esusu ahɔɔhyeɛ

fæðing

awɔɔ

yfirvigt

kɛseɛ mmorosɔɔ

heyrnartæki

afidie a ɛboa asɛmtie

sótthreinsiefni

aduro a ekum mmoawa

sýking

yareɛ a mmoawa deba

veira

vaarɔs

HIV / AIDS

HIV / AIDS

lyf

aduro

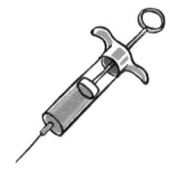

bólusetning

aduro a esi yareɛ ano

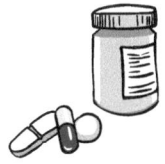

töflur

aduro tablɛte

pilla

topaeɛ

neyðarsímtal

ɔfrɛ wɔ putupru so

blóðþrýstingsmælir

afidie a esusu mogya
mmrosoɔ

lasinn / heilbrigður

yareɛ / apomuden

Hjálp!

Boa me!

viðvörun

kɔkɔbɔ

líkamsárás

ɛborɔ

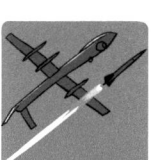

árás

ato ahyɛ obi so

hætta

ɛyɛ hu

neyðarútgangur

baabi a yɛfa de pue putupru
so

Eldur!

Ogya!

slökkvitæki

afidie a yɛde dumgya

slys

nkwanhyia

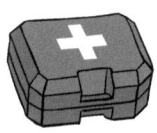

skyndihjálparbúnaður

nneɛma yɛde sɔ yareɛ ano

SOS

SOS

lögregla

polisi

Evrópa
Yuropo

Norður-Ameríka
Amerika atifi

Suður-Ameríka
Amerika ananfoɔ

Afríka
Abiberm

Asía
Asia

Ástralía
Australia

Atlantshaf
Atlantik

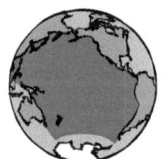

Kyrrahaf
Pasifek

Indlandshaf
India po kɛseɛ

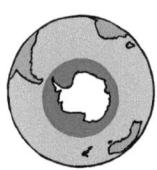

Suður-Íshaf
Antaatek po keseɛ

Norður-Íshaf
Aatek po kɛseɛ

Norðurpóll
Ewiase atifi

Suðurpóll

Ewiase anaafoɔ

Suðurskautslandið

Antaatek

Jörð

Ewiase

land

asaase

sjór

ɛpo

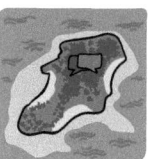

eyja

supɔ

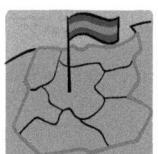

þjóð

ɔman

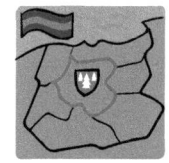

ríki

ɔman

klukkuskífa

klɔko no anim

litli vísir

dɔnhwere nsa no

stóri vísir

sima nsa

sekúnduvísir

anitɛtɛ nsa no

Hvað er klukkan?

Abɔ sɛn?

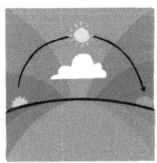

dagur

da

tími

berɛ

nú

seeseiara

tölvuúr

wkye a nɔma wɔ so

mínúta

sima

klukkustund

dɔnhwere

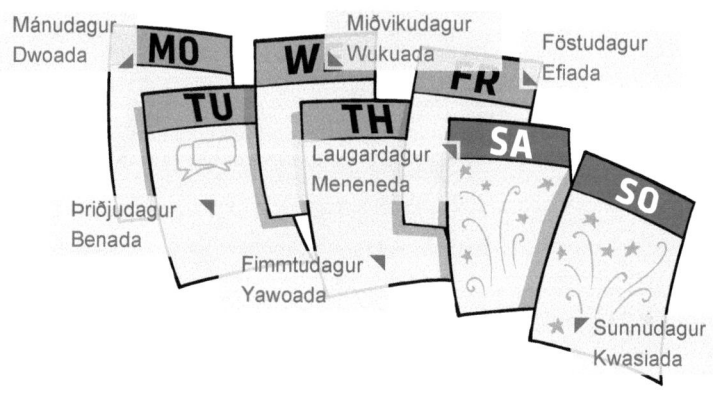

Mánudagur
Dwoada

Miðvikudagur
Wukuada

Föstudagur
Efiada

Þriðjudagur
Benada

Laugardagur
Meneneda

Fimmtudagur
Yawoada

Sunnudagur
Kwasiada

í gær

ɛnora

í dag

ɛnora

á morgun

ɔkyina

morgunn

anɔpa

hádegi

prɛmtobrɛ

kvöld

anwumerɛ

MO	TU	WE	TH	FR	SA	SU
1	2	3	4	5	6	7
8	9	10	11	12	13	14
15	16	17	18	19	20	21
22	23	24	25	26	27	28
29	30	31	1	2	3	4

virkir dagar

adwuma nna

MO	TU	WE	TH	FR	SA	SU
1	2	3	4	5	6	7
8	9	10	11	12	13	14
15	16	17	18	19	20	21
22	23	24	25	26	27	28
29	30	31	1	2	3	4

helgi

nnawɔtwe awieɛ

ár

afe

regnbogi
nyankontɔn
rigning
nsutɔ
snjór
asukɔkyea
vindur
mframa
vor
nsutɔbrɛ
haust
autumnbrɛ
sumar
awiabrɛ
vetur
awɔbrɛ

4.APRIL 11°
5.APRIL 4°
6.APRIL 13°
7.APRIL 8°
8.APRIL 10°

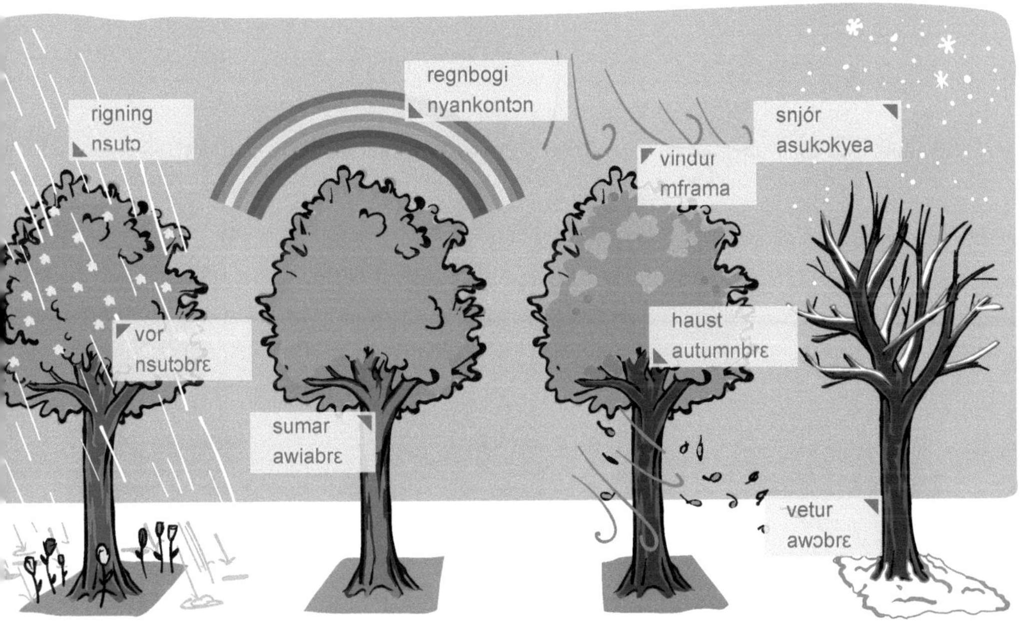

veðurspá

ewiem nsakrɛeɛ

F C
120 40
90 30
60 20
30 10
0 0
-30 -10
-20

hitamælir

afidie a esusu ade ho hyeɛ

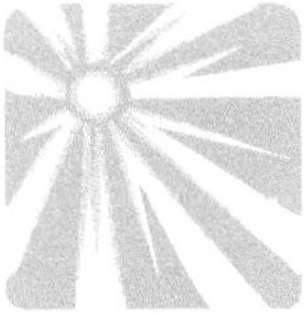

sólskin

awiabɔ

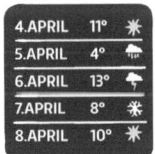

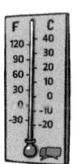

ský

munukum

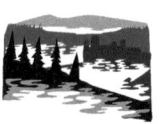

þoka

ɛbɔ

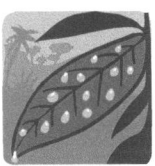

raki

ewiem nsuo

eldingar

ayerɛmo

þrumuveður

apranaa

stormur

ehum

haglél

asukɔkyea

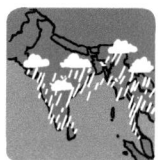

monsún

monsoonbrɛ

flóð

nsuyiri

ís

aise

Janúar

ɔpɛpɔn

Febrúar

ɔgyefoɔ

Mars

ɔbɛnem

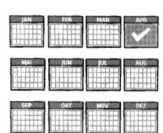

Apríl

Oforisuo

Maí

Kotonimaa

Júní

Ayɛwohomumu

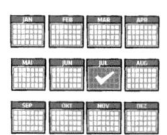

Júlí

Kitawonsa

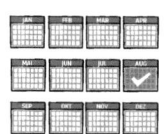

Ágúst

ɔsanaa

September
....
ɛbɔ

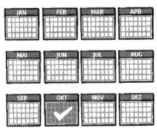

Október
....
Ahinime

Nóvember
....
Obubuo

Desember
....
ɔpɛnimaa

form
abosuo

hringur
....
kanko

ferningur
....
sokwɛɛ

rétthyrningur
....
rɛktangel

þríhyrningur
....
triangel

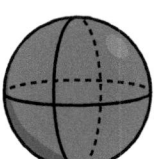

kúla
....
krukruwa

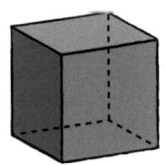

teningur
....
adaka

hvítur
....
fitaa

gulur
....
akokɔ sradeɛ

appelsínugulur
....
ankaa

bleikur
....
pink

rauður
....
kɔkɔɔ

fjólublár
....
pɛpol

blár
....
bruu

grænn
....
ahaban mono

brúnn
....
braun

grár
....
nson

svartur
....
tuntum

mikið / lítið

pii / ketewa

reiður / rólegur

wo boafu / wɔ adwo

fallegur / ljótur

ɛyɛ fɛ / ɛyɛ tan

upphaf / endir

ahyɛseɛ / awieɛ

stór / lítill

kɛseɛ / esua

bjartur / dimmur

ɛha / esum

bróðir / systir

nuabarima / nuabaa

hreinn / óhreinn

ɛho te / ayɛ fin

heill / ófullnægjandi

awie / enwieɛ

dagur / nótt

awia / anadwo

dauður / lifandi

awu / ɛte ase

breiður / mjór

emubae / ɛyɛ tea

ætur / óætur

yɛde /yɛnni

vondur / góður

bɔne / tema

spenntur / leiður

wɔ aniagye / wɔ ani nka

feitur / mjór

ɔso / teatea

fyrstur / síðastur

edikan / etwatɔɔ

vinur / óvinur

adamfoɔ / atamfo

fullur / tómur

ayɛ mma / hwee nim

harður / mjúkur

ɛdenden / mmerɛ mmerɛ

þungur / léttur

ɛyɛ duru / ɛyɛ ha

svangur / þyrstur

ɛkɔm / nsukɔm

lasinn / heilbrigður

yareɛ / apomuden

ólöglegur / löglegur

etia mmara / ɛwɔ mmara mu

greindur / heimskur

nyansa / gyimi

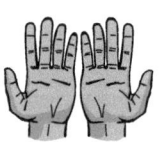

vinstri / hægri

benkum / nifa

nálægur / fjarlægur

ɛbɛn / akyire

andstæður - abiraho

nýr / notaður
foforɔ / dada

ekkert / eitthvað
hwee / biribi

gamall / ungur
wɔ anyini/ ɔsua

kveikt / slökkt
sɔ /dum

opna / loka
bue / tom

Lágvær / hávær
dinn / dede

ríkur / fátækur
ɔdefoɔ / ohia

rétt / rangt
nifa / benkum

grófur / sléttur
werewerɛwerewerɛ /
trontron

ɔrgbitinn / hamingjusamur
awerɛhoɔ / anigyeɛ

stutt / lengi
tietia / tenten

hægt / hratt
nyaa / ntɛm

blautur / þurr
afɔ / awɔ

heitur / kaldur
dedɛɛdeɛɛ / adwo

stríð / friður
akoo / asomdweɛ

andstæður - abirabɔ

0

núll

hwee

1

einn

baako

2

tveir

mienu

3

þrír

meɛnsa

4

fjórir

ɛnan

5

fimm

enum

6

sex

nsia

7

sjö

nson

8

átta

nwɔtwe

9

níu

nkron

10

tíu

edu

11

ellefu

du-baako

12

tólf

du-mienu

13

þrettán

du-meɛnsa

14

fjórtán

du-nan

15

fimmtán

du-num

16

sextán

du-nsia

17

sautján

de-nson

18

átján

du-nwɔtwe

19

nítján

du-nkron

20

tuttugu

aduonu

100

hundrað

ɔha

1.000

þúsund

apem

1.000.000

milljón

ɔpepem

Enska

Brɔfo

Amerísk enska

Amerikafoɔ Brɔfo

Mandarin-kínverska

Chainfoɔ Mandarin

Hindí

Hindi

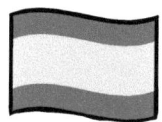

Spænska

Spainfoɔ kasa

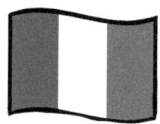

Franska

French kasa

Arabíska

Arabia kasa

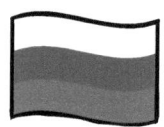

Rússneska

Russianfoɔ kasa

Portúgalska

Portugalfoɔ kasa

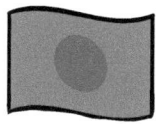

Bengali

Bengali

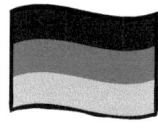

Þýska

Germanfoɔ kasa

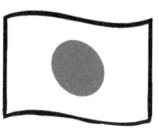

Japanska

Japanfoɔ kasa

ég
Me

þú
wo

hann / hún / það
ono

við
yɛn

þú
wo

þeir
ɔmmo

hver?
hwan?

hvað?
deɛ bɛn?

hvernig?
ɛyɛ deɛn?

hvar?
ehen?

hvenær?
dabɛn?

nafn
edin

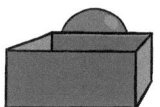

bakvið

akyire

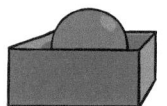

í

emu

fyrir framan

anim

yfir

ɛsoro

á

ɛso

undir

aseɛ

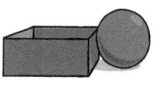

við hliðina

nkyɛn

milli

ntɛm

sæti

beaɛ